Bibliografische Information der Deutschen Nationalbibliothek: Die Deutsche Nationalbibliothek verzeichnet diese Publikation in der Deutschen Nationalbibliografie; detaillierte bibliografische Daten sind im Internet über dnb.dnb.de abrufbar.

© 2019 Benjamin Vogt

ISBN: 9783749498796

Herstellung und Verlag: BoD – Books on Demand, Norderstedt

Der Sandling
Ein hündischer Reisebericht

Hallo! Ich bin Keule!

KAPITEL:

VORGESCHICHTE

Die Cityfarmer sind auf den Cap Verden, genauer auf Sal, einer Afrika vorgelagerten Insel mit brennenden Wüstenklima. Dort verbringen wir eine traumhafte Woche zwischen Strand und ewigem Sand. Auf Einladung meiner Eltern genießen wir in vollen Zügen die Pause vom harten Farmalltag. Wie schon so oft während eines gemeinsamen Urlaubs beabsichtigt meine liebste Ildi, mich in eine Tierauffangstation zu schleppen. Hilfe und vor allem Bargeld ist dort immer gern gesehen.

Wir hatten bereits einen vollen Tag damit verbracht, die Tierschutzorganisation OSPA in dem kleinen Städtchen Santa Maria aufzustöbern. Vergeblich!

Nach langer, abenteuerlicher Odyssee durch Afrika-typische Schulen und Hinterhöfe hatten wir aufgegeben.

Es ist der letzte Tag unseres Urlaubs. Wir verlassen gerade den dort ansässigen Botanischen Garten und befinden uns auf dem Heimweg. Meiner geliebten Ehefrau fällt ein quietsche-oranges Schild unweit unseres Hotels ins Auge. Es ist verziert mit Hundepfötchen.

Groß und breit prangert „OSPA" darauf. In der Ferne hallt Hundegebell wider. Kann es so einfach sein? Keine zehn Minuten Fußweg von unserem Tourikomplex entfernt ein Tierheim?

Zögerlich folge ich Ildi. Wir stehen vor einer schweren Eisentüre. Sowohl Fressnäpfe als auch Wasserschüsseln weisen darauf hin, dass wir am Ort des vielfach vierbeinigen Geschehens sind. Spätestens als ich meine Hand durch ein Loch in der Türe stecke, um die massive Vorlegekette zu lösen, bin ich mir sicher, dass hier Hunde wohnen. Über meine Hand streicht warmer, feuchter Atem. Sie wird abgeschnüffelt, dann abgeleckt.

3

Die Pforte des Schicksals öffnet sich. Mit vollem Körpereinsatz verhindert meine Liebste, dass sich eine Horde Welpen in die Wüste verdünnisiert. Vor uns offenbart sich ein abgezäunter, grauer Verschlag, dahinter ein viertel Hektar Auslauf, auf dem fröhlich eine Hundemeute tobt. Ich komme kaum mit dem Streicheln nach. Wir werden sofort von einem halben Dutzend kunterbunter ehemaliger Straßenhunde belagert, hauptsächlich Jungspunde. Es ist schwierig, den Überblick zu bewahren. Eine strahlend lächelnde kreolische Frau namens Maria nimmt uns in Empfang. Sie spricht weder Englisch noch Französisch, geschweige denn Deutsch, wir kein Portugiesisch. Dank Latinum verstehe ich zwar im Groben, was sie sagt, doch kann ich nur mit Händen und Füßen antworten.

Da heiße ich noch Koyla!

Maria führt uns herum. Am anderen Ende des Innenhofes reiht sich Zwinger an Zwinger. Als selbsternannten Handwerker gruseln mich die afrikanisch gehaltenen

4

Verbauungen. Wenn das Loch im Zaun zu groß wird, so stopft man halt einen Liegestuhl hinein oder klemmt einfach eine Palette dazwischen. Wird schon halten... Die Hunde wirken alles in allem gepflegt, trotz der Tatsache, dass sich einige echt räudige Biester darunter befinden. Der eine humpelt wegen eines fehlenden Beines, der andere ist taub und blind, der nächste so dünn und geschwächt, dass er nicht mehr laufen kann und händisch gefüttert werden muss. Man sieht so manchem der Caninen seine harte Vergangenheit an. Maria selbst gleicht einem Engel. Mit abgesägten Spritzen, anstatt dem eigentlich benötigten Fläschchen, flößt sie den abgemagerten Neuzugängen geduldig ihr Futter ein. Sie reinigt, gekleidet in traditionell afrikanische Tracht, diverse Ohren, verbindet Pfötchen und bespaßt nebenher uns Touristen. Wir sind positiv überrascht!

Ich habe Räude, deshalb auch keine Haare!

Es ist brütend heiß. Der Schatten lockt. Wir landen in dem Häuschen, in dem Medikamente gelagert werden, und wo die Schwächsten der Schwachen ihren Rückzugsort haben. An den Wänden hängen lange Listen vermittelter, dort wohnender, sowie verstorbener Hunde. Mir stolpert auf unsicheren Beinen ein knapp dem Welpenalter entwachsener Hundegeist entgegen.

Um ehrlich zu sein: Zunächst wirkt das Kerlchen auf mich abstoßend. Dürr, voller Narben, mit nur einem Drittel Fell, ist seine Erscheinung wenig einladend. Während Ildi unser verbliebenes Bargeld weitergibt, über das sich Maria tierisch freut, verteile ich Leckerlis. Der Einzige, der keine annimmt, ist mein zukünftiger Hund. Er scheint an mir zu kleben. Maria ruft ihn zu sich. Ich verstehe immer nur „Keule". „Keule, Keule ven aqui! Keule ven aqui!" Der hört nicht auf seine Betreuerin, denn Koyla (sein eigentlicher Name) bleibt stoisch. Er hängt an meinem Rockzipfel wie eine Klette. Ob er sich wegen des mir anhaftenden Duftes eines All-Inclusive-Buffets zuwendet oder weil wir einfach füreinander bestimmt sind, wage ich nicht zu beurteilen.

Jedenfalls springt er los und fällt mir in die Arme. Mir bleibt nichts anderes übrig, als ihn aufzufangen, da das eh schon arg gebeutelte Wesen ansonsten hart auf den Boden gekracht wäre. Ich setze mich in den Schneidersitz und überwinde mich, den halbnackten „Köter" zu streicheln. Eine Art „Blitz der reinen Liebe" fährt durch uns hindurch. Er riecht bis heute für mich wie Hibiskus, Frangipani und Rosen zugleich. Ich kann meinen Blick kaum abwenden. Der versehrte Hund robbt auf mich, gleich einem krabbelnden Baby. In völliger Hingabe leckt er mir zaghaft die Fingerspitzen ab. Er bekommt eine gewaltige Erektion, was ein internationales Schmunzeln unter den Anwesenden hervorruft. Auch Maria staunt nicht schlecht. „Koyla meidet normalerweise Männer!" Genauso ergriffen ist meine Ehefrau. Später meinte Ildi nur, dass sie so etwas bei ihrem Gatten noch nie erlebt hätte. „Ich glaube es ja nicht! Mein Mann - der

Vierbeineritis verfallen? Und mich daheim wegen meines Hündchens, Fluffgepuff, auslachen! Ja, ja, wo die Liebe hinfällt!" Schweren Herzens löse ich mich von diesem hinreißenden Überlebenskünstler, denn es steht noch Packen und Verabschieden auf dem Tagesplan.

Nachdem wir uns herzlich verabschiedet haben, geht mir der kleine Koyla nicht mehr aus dem Kopf. Noch knöcheltief durch den Wüstensand schlendernd, verfallen wir in eine hitzig geführte Diskussion. Ich hätte das räudige Etwas am liebsten sofort mitgenommen. Doch meine Liebste wäscht mir gehörig den Kopf, denn sie weiß weit besser um die Probleme, einen Hund nach Europa zu bringen als meine Wenigkeit.

„Impfung, Quarantäne, neue Wohnungsaufteilung, Mehrkosten, Gesundheitsfolgen durch Mangelernährung im Welpenalter, eifersüchtiges Fluffgepuff..."
Sie nennt mir tausend und einen Grund, der dagegen spricht, DIESEN Hund zu adoptieren. Aber! Sie nimmt sich gnädig unserer Sache an. Bereits bevor wir am nächsten Morgen abfliegen, hat sie den Kontakt zu OSPA hergestellt.

Via Whats-App erhalte ich eine Informationsbroschüre.
„How to adopt a dog from Sal!" Zunächst erschlägt mich die Fülle der Vorschriften, Kosten und Zollbestimmungen, die auf uns zukommen würden. Desillusioniert und bitter enttäuscht verwerfe ich die Hoffnung, den kränklichen Racker jemals nach Deutschland holen zu dürfen.

Da geht es mir schon besser!

Zum Glück kann man auch anderweitig helfen. Mit dem guten alten Euro. Denn für mich steht nach der Lektüre der Broschüre nur noch fest, dass ich die Patenschaft für Keule übernehme, um ihm ein gesundes Aufwachsen zu ermöglichen. Damit sind sein Essen, die Tierarztkosten und Impfungen bezahlt.

Zu meinem Geburtstag dann die Überraschung. Ildi macht Nägel mit Köpfen: „Mein Liebster, wenn du Keule immer noch zu dir holen willst, dann schenke ich dir die Reise nach Afrika und organisiere alles für dich!" Ein Monate dauerndes Bangen beginnt. Keule fällt einmal, dann nochmal durch die Antikörper-Tollwut Prüfung.

Erst beim dritten Anlauf, knappe sieben Monate später, besteht er den Test. En passant erfahre ich vom Albtraum eines jeden Mitglieds des männlichen Geschlechts. Sowohl OSPA als auch meine Liebste verschweigen mir nämlich, dass der arme Kerl kastriert worden ist. Als ob das noch nicht genug wäre, bereitet mir die fortwährende Unterbringung Koylas in einem Zwinger Sorgen. Was macht das mit der Psyche eines Hundes? Alle paar Monate müssen wir zudem Unterhaltszahlungen leisten, die auf die Dauer nicht zu unterschätzen sind. Summa summarum hätten wir uns mit den Unkosten für Keule auch einen Rassehund aus einer professionellen Zucht holen können. Aber nein! Der Herr Vogt bildet sich genau diesen Hund aus der Tierrettung ein. Im tiefsten Winter erreicht uns endlich die erlösende Nachricht: „Sehr geehrter Herr Vogt, am 23.01.2019 um 06.00 Uhr geht Ihr Flug auf die Cap Verden. Wir wünschen Ihnen einen schönen Urlaub. Mit freundlichen Grüßen, Ihr Reisebüro."
Das Abenteuer beginnt!

ANREISE MIT HINDERNISSEN

Ich bin zu Tode aufgeregt, weswegen sich die Nachtruhe bei mir einfach nicht einstellen will. Meine Gedanken kreisen um eine große Frage: Wird Keule mich akzeptieren? Was ist, wenn...? 1001 Szenarien spiele ich im Geiste durch. Zwei Minuten, bevor der Wecker klingelt, springe ich auf. Nach genau null Sekunden Schlaf geht es endlich los. Meine Herzensdame erwacht mit üblem Halsweh, das Tage später in eine tonlose Heiserkeit ausartet. Da ist Lehrtätigkeit genau das Richtige zur Heilung! Oder nicht? Selbstverständlich darf eine ausgedehnte Abschiedsliebkosung des einzig wahren Fluffgepuffs, unseres Ersthundes, nicht fehlen. Vorwurfsvoll wirft sie mir ihren durchdringendsten „Du darfst jetzt nicht gehen" Blick nach. Pünktlich um 03.00 Uhr sitzen wir also im Auto.

Genau 500 Meter hinter der Tankstelle, an der das SWA Carsharingauto seinen Dauerparkplatz hat, fällt uns auf, dass der Tank nur ganz knapp über Reserve steht. Kaum auf der Autobahn angekommen, ploppt die Computeranzeige auf: Noch 70 Kilometer, dann ist Schluss! Man möchte meinen, zwischen München und Augsburg gäbe es auch nachts eine geöffnete Zapfsäule. Pustekuchen!

40 Kilometer... 30 Kilometer... Dann typisch, wenn man es mal eilig hat und das Benzin auszugehen droht: „Zubringer München Flughafen gesperrt!"

Wir zuckeln also weiter Richtung Norden gen Nürnberg. 28 Kilometer... 27 Kilometer... Zurück nach Augsburg kämen wir definitiv nicht mehr. In mir brodelt der Ärger über den gedankenlosen Vorbenutzer. Bei einem Viertel Füllstand ist Tanken eigentlich Pflicht! Kostet ja nicht einmal etwas. Zumindest ist auf den „Internationalen Flughafen München" Verlass. Erstaunt darüber, dass 72 Euro Diesel in so einen Tank passen, zieht es mich in den Flughafen.

Dank Halsschmerz gibt es leider nur einen halbherzigen

Abschiedsknutsch, dafür eine umso festere Umarmung. Also rein ins Getümmel!

Weitläufige Hallen, verlassene Schalter, kein Mensch in Sicht. Nochmals das Ticket checken. Ich wandere durch ein leeres Mammutgebäude von Flughafen. Wussten Sie, dass es Terminal A, B sowie C gibt und dann unverhofft Terminal Z kommt?
Zur Erklärung: In Terminal Z sind die Pauschalreisenden von Tui und Co. angesiedelt. Hauptstadtlogik, die ich ungebildeter Provinzler aus Augsburg nicht verstehen muss. Immerhin befinde ich mich angeblich im modernsten internationalen Flughafen überhaupt. Da steh ich nun, ich armer Tor.
In meine 1 m auf 1.20 m messende Hundetransportbox bohren sich neugierige Blicke. „Wer fliegt da mit?" Ich übe mich in Erklärungsversuchen.
„Außer Decken und Hundefutter ist da noch niemand drin!" Enttäuschung steht den Leuten ins Gesicht geschrieben. Am schlimmsten den Rentnern, Fraktion 70 plus. Mir rutscht das Herz in die Hose. Ablehnung am Schalter! „Es tut uns Leid, aber, Ihre Box ist zu groß, Herr Vogt!" Ich antworte unverzagt. „Sie ist sogar vorab angemeldet worden! Hättet ihr das nicht eher sagen können!" Unverändert freundlich verweist mich die Dame auf den Schalter am Beschickungssystem und beklebt meine Box fahrig mit Zetteln und Strichcodes. Ich hieve die 16 Kilo wieder auf meinen Rolli und eile davon. Eine weitere Tui-Mitarbeiterin, die seit einer geschlagenen Stunde den gleichen Slogan propagiert, lächelt mir wohlwollend zu. Für Deutschland sehr unüblich. Ich fühle mich an Japan erinnert, als die angegraute Mittvierzigerin auch mich aufklärt: „Bitte keine Feuerzeuge mit ins Flugzeug nehmen!" Dass sich daran einzig und allein der dumme Benni hält, war auch klar. Glücklicherweise hatte ein netter Herr Erbarmen im Transit und schenkte mir „a Feuerli" in schreiendem quietsche-Rosa. Wie ich später

erfuhr, wurde es schmerzlich von seiner Frau vermisst, die, wie es der Teufel will, meine Sitznachbarin wurde. Er selbst hatte immer noch drei weitere Feuerzeuge einstecken. „Sicher ist sicher. Die werden schon nicht alle finden." Beim System „Sperrgepäck" angekommen ereilt mich die Ansage des Grauens. „Zu große! Du gehe zu B!" Verwundert kratze ich mir den Kopf. Es ist 45 Minuten vor Abflug und niemand fühlt sich zuständig. Gott ergeben schlappe ich also in Halle B. Ein einzelner spärlich beleuchteter Schalter weist mir den Weg.

Da steht er! Ein auf seinem Handy daddelnderTurbanträger begrüßt mich in Herz erwärmendem indischem Gelaber. Ein Angehöriger des Volkstammes der Sikh wie aus dem Bilderbuch, inklusive langem Bart und Verbeugung zur Begrüßung. Neugierig erkundigt er sich, ob etwas in dem Käfig lebt? Ich verneine lachend. Er wirkt erleichtert. Nachdem die vielen Strichcodes und Aufkleber gescannt waren, strahlt mich sein breites Lächeln an. Der traditionsbewusste Herr trägt mir das Teil sogar zum Flieger, denn er hat eine Sondererlaubnis. Ein wenig zweifelnd überlasse ich ihm meine mit Futterschätzen aus 1001 Hundetraum gefüllte Monsterbox. Ihm scheint egal zu sein, was drin ist! Mein Engel mit Turban schlappt also los. Ich glaube, Mr. Sikh freute sich einfach über die Aufgabe. Ab jetzt blieb der Schalter schlichtweg unbesetzt. Hätte ich nun sonst was schmuggeln können? Liebe Flughafensicherheit, was ist da los? Keine X-Ray Aktion?
Ich spute mich, um an mein Gate zu kommen. In Terminal C! Von B zu Z zu B zu C. Entspricht einem Fußmarsch von gefühlten dreieinhalb Kilometern.

Mir öffnet sich nach einem elektronischen Ticketscan das Tor in eine neue Welt. Die des Technik-Overkills. Durch den Ganzkörperscanner, zum chemischen Bombenabstrich meines Laptops, bis letztendlich der Reisepassscanner via

Bling-Bling Gesichtserfassung meinen Durchmarsch zum Stoppen bringt. Das Ganze wird bedient von drei überfordert wirkenden Damen und einer Heerschar blau leuchtender Computer. Mein formvollendetes Antlitz will dieser vermaledeite Gesichtsscanner einfach nicht fressen. Ob die KI mich nicht erkennt oder der Bart störe, wissen die Damen auch nicht. Ergo müsse ich mich für ein weiteres Foto bereitstellen. Nach dem zweiten Scan ist amtlich erwiesen, dass mein Gesicht nicht mit meinem Reisepassfoto übereinstimmt! Wir gehen also den traditionellen Weg. Ein uniformierter, bewaffneter Beamter eilt herbei, mustert sowohl meinen Reisepass als auch meinen Führerschein, den ich sicherheitshalber hervorkrame, und meint: „Gehens durch!" Was für eine Erleichterung. Heute ist wohl der Tag der großen Extrawurst.

Boarding, Abflug, alles gut. Glück muss man haben. Wie das Schicksal manchmal so spielt, kürt das Leben besagte Feuerzeugspenderin zu meiner Sitznachbarin. Ihr Mann ist von Beruf Messebauer für Buchevents. Als sie mitbekommt, dass ich als Schriftsteller tätig bin, blitzt die unverhohlene Neugier in ihren Augen. Die weitgereiste Dame von Welt springt beim Anblick meiner Fantasyreihe „Wayan" sogleich auf und nimmt mir gut gelaunt mein Reservebuch ab. „Du bekommst es nächste Woche zum Rückflug wieder!" Mal schauen, was daraus wird. Durch heftige Turbulenzen gibt es leider einige Kotz-Eskapaden. Sonst schlafe ich auf Flügen durch.

Wenn sich aber der Hintermann beinahe über deinen Schoß übergibt, fällt es schwer, ins Land der Träume zu gelangen. Meine auf Langstreckenflügen bewährte „Kopf auf Esstisch" Methode fand trotzdem Anklang   .

Ein eher dem „Show Off" Feld zuzuteilender Surferverschnitt in Flipflops und Shorts bedankte sich sogar bei mir für den „Trick". Sonst habe er immer Rückenschmerzen. „ Alter! Saucoole Idee, Mann!"

Endlich bin ich an meinem ersehnten Ziel. Das Tor zu den Cap-Verden ist in greifbarer Nähe. Leider kommt eine Kleinigkeit dazwischen. Am digitalisierten Visa Checkpoint wird eine alte Dame von einem dicklichen Beamten eiskalt abgewiesen, obwohl sie die Papiere extra im Voraus beantragt und bezahlt hatte. Ihr Gatte latscht derweil unbehelligt durch die Kontrollen.

Die französischsprachige Mittachtzigerin weint jämmerlich. Keine zwanzig Minuten vorher las ich noch die Reisewarnung. „Sollten Sie doppelt bezahlen müssen, wenden Sie sich bitte an die Hotline..." Dies geschieht meines Wissens nicht zum ersten Mal und scheint eine Abzockmasche der Zöllner zu sein, da sie den doppelten Betrag in die eigene Tasche stecken können. Immerhin 35 Euro pro Coup, was ungefähr einem durchschnittlichen Tageseinkommen entspricht. In gebrochenem Französisch erkläre ich der Frau die Problematik. Ihre Miene erhellt sich. Der Weltuntergang wurde abgewendet, denn irgendwann nehmen sich Oberzöllner und Tui-Reiseleitung der Sache an.

Als ich nun in die beinahe menschenleere Empfangshalle laufe, erwarten mich Gepäck und Box unversehrt am Rand der etwas schäbig anmutenden Kofferausgabe. Am Geländer nebenan lungert ein breitschultriger Mann mit kryptischem Schild. Mein Name steht drauf. Hut ab vor meiner Frau! Sie hat das alles im Vorfeld organisiert. Typisch afrikanisch begrüßt mich der Hüne mit Handschlag und Faust aufs Herz. An der Hundebox hat er mich erkannt. Auf der Fahrt zu meinem neuen Domizil sollte ich alles über seine Familie, Herkunft und Träume erfahren. Weniger Taxifahrer, mehr Papa. Bei fünf Kindern aus Rücksicht gegenüber seiner Frau verständlich. Unser Weg führt uns über eine geräumige Wüstenschnellstraße, vorbei an dornigen Büschen und braunem Gras hinein ins Nichts. Schotter, Sandpiste und in der Ferne vier Betonblöcke. Die Straße sei noch nicht fertig,

14

deswegen der Umweg. Nach einer ausgedehnten Rechtskurve fahren wir von hinten an ein gepflegtes Strandhochhaus. Beinahe ein Neubau. In der Tat ist die Straße nicht weiter als bis hierhin befahrbar. Berge aus Pflastersteinen, Sand und Kalkbruch türmen sich zwischen den Häusern, soweit der Blick reicht. Keule sollten die Klettergelegenheiten noch gefallen.

Mein Kletterparadies!

Schnell wird klar, dass diese Art zu wohnen ein einzigartiges Erlebnis sein wird.
Eine Immobilie in Mischnutzung von Einheimischen und Touristen. Zugegeben, die Touriwohnungen haben Panzertüren, vergitterte Fenster und einen eingemauerten Tresor, aber sonst sind die Appartements schnittgleich. Es wird geboren, gelebt, lautstark gezeugt und still gestorben in diesen vier Wänden. Sofort werde ich von der Nachbarschaft

15

herzlich in Empfang genommen. Alle wissen schon: der Deutsche mit dem Hund. Ich bin nicht „ihr Erster" meinen sie und lachen. Dies ist wohl auf die verzweifelten Europäer bezogen, die in der Tierrettung an ihre Grenzen gebracht wurden. Meine neue Wohnung wurde bereits des Öfteren von frisch gebackenen Hundebesitzern gemietet, um ihren Urlaub zusammen mit ihrem neuen Haustier zu verbringen. Danach führte sie ihr gemeinsamer Weg zurück nach Europa. Brühwarm erzählen mir einige Bier trinkende Gesellen die Geschichte der letzten Bewohnerin. Die „heiße Schnecke" wurde von ihrem Wauwau angeblich gebissen, musste sogar ins Krankenhaus und genäht werden. Trotzdem hielt die tapfere Tierfreundin bis zum bitteren Ende durch. Sie nahm Paolo mit nach England. Mir läuft ein kalter Schauer über den Rücken. Was ist, wenn meiner Wenigkeit Ähnliches mit Keule widerfährt? Offenbar sehe ich nicht glücklich aus, denn ein eiskaltes Bier soll mich auf andere Gedanken bringen.

Nach nicht einmal fünf Minuten habe ich bereits Freunde gefunden. Sie erzählen mir weitere Horrorgeschichten, weswegen meine Sorgen rund um mein neues Begleittier immer größer werden. Nichtsdestotrotz lässt mich die typisch afrikanische

Herzlichkeit das Salz in meiner Wunde vergessen. Als mein Blick über die ungepflasterten Straßenzüge schweift, schwant mir Übles. Ich ahne bei der näheren Betrachtung der Heerscharen von Straßenhunden, dass Keule mich auch auf eine harte Probe stellen wird. Noch gerädert vom Flug zieht es mich in mein neues Domizil. In meiner Bude, doppelt so groß wie unsere Wohnung in Augsburg, mache ich mich breit.

Da mir weder Partymeile noch Strandspaziergänge so ganz alleine liegen, igle ich mich mit einem guten Buch über das Zusammenleben mit Hunden ein. Keule kann ich erst am morgigen Tag besuchen. In der Theorie klingt es einfach, ein toller „Leithund" zu sein. Aber steht man dann mit einem völlig verängstigten Junghund im wörtlichen Sinne in der Wüste, sieht die Sache ganz anders aus. Ich würde mit einem eigenen Ansatz der Zusammenfindung an meinen neuen Hund herangehen. „Beziehung wagen!" Zunächst auf das Kommandogetue verzichten, um zum Kern des Mensch-Tier-Miteinanders vorzustoßen.

Wüstenpanorama vom Balkon aus!

FIRST CONTACT

Nie hätte ich gedacht, dass ich so aufgeregt sein würde. Heute werde ich Keule nach langer Abstinenz wieder in die Arme schließen können. Frohen Mutes zieht es mich deshalb in den frühen Morgenstunden zu OSPA. Wer sich wundert, was das sein soll: Ausgeschrieben heißt das Akronym „Organização Salense Proteção Animais". Die unter dem Dachverband organisierten Freiwilligen haben sich der Rettung und medizinischen Versorgung von Straßentieren verschrieben.

Von der Kastration wild lebender Rudel über die Versorgung von Straßenhunden bis zur Beratung der Einheimischen bieten sie ein breites Repertoire an Hilfsleistungen. Als eine Art Selbstkasteiung beschließe ich, mitsamt Hundefutter, Spielzeug und Decken den Weg zu der Tierauffangstation zu laufen. Genau das Richtige nach dem langen Flug. Ich will die Strecke einschätzen lernen, damit ich sie vielleicht mit Keule einmal gehen kann. Wie sich herausstellen würde, besaß der ehemalige Zwingerbewohner dafür leider nicht einmal im Ansatz die Kondition. Zweieinhalb Stunden benötige ich alleine für die Tour. Die Wüsteninsel Sal hat schon ihren Reiz. Blaues Meer, weißer Strand mit schwarzen Streifen aus Vulkanasche......wenn da dieser Sand nicht wäre! Der Wind weht ihn beständig herum. In jede Ritze kriecht der feine Staub erbarmungslos und lässt mich bis zur Ankunftsdusche in Deutschland nicht mehr los.

Hoffnungsfroh bahne ich mir meinen Weg. Auf einer Insel kann man ja kaum etwas falsch machen. Rundherum, das ist nicht schwer. Trotz Sonnencreme und T-Shirt verbrennt es mir jede frei liegende Hautstelle. Durch das schwere Marschgepäck komme ich schweißtriefend bei OSPA an. Derart durchgeschwitzt war ich schon lange nicht mehr. Zunächst lässt man mich in der sengenden Wüstensonne

18

warten. Es muss erst ein englischsprachiger Mitarbeiter eintreffen, bevor wir zur Tat schreiten können. Ich nutze die Pause, um meine Mitbringsel zu sortieren. Spielzeug zu Spielzeug, Leinen an die Garderobe und Futter gleich in die Münder der Heerscharen bettelnder Vierbeiner. Als man sich endlich meiner annimmt, stoße ich auf taube Ohren. Mein Argument, dass Hunde keine Freunde von plötzlichen Veränderungen sind, zählt nicht.

Ich wollte zunächst ein Vertrauensverhältnis zu Keule schaffen, ohne ihn gleich ganz aus seiner gewohnten Umgebung zu reißen. Eine hitzige Diskussion mit den Zuständigen entbrennt.

Mehr als ein Kopfschütteln vermag ich den OSPAsianern nicht abzuringen.

Die Einsicht, dass mein mühsam gesponnener Plan nicht aufgeht, sickert langsam bei mir durch. Letztendlich fasse ich mir ein Herz und meine: „Ja, es ist endgültig! Heute kommt Keule zu mir!" Von Seiten der Tierauffangstation schlägt mir wenig Begeisterung entgegen, dass Keule abends zu seinem Rudel zurückkehrt. Ob sie mich nicht verstanden haben, oder ob diese Herangehensweise zu unüblich ist, weiß ich nicht.

Zu ihrem Schutz: OSPA kümmert sich rührend um die Hunde, päppelt, füttert und organisiert. Tierschutz in einer kreolisch-afrikanischen Zuwanderergemeinschaft ist hartes Brot, glauben Sie mir.

Mir graust es, wenn ich sehe, wie viele Anwohner mit den allgegenwärtigen Tieren umgehen. Manche Taxifahrer machen sogar gezielt Jagd auf die hilflosen Straßenhunde. Ein weiteres Problem:

Die Touris füttern die hungrigen Katzen und Hunde und die unterbezahlten Angestellten müssen die aufdringlichen Tierchen dann verscheuchen oder sollen sie gleich vergiften. Andre Länder, andre Sitten. In meinen Augen ein Teufelskreis der Extraklasse.

Erste Kuscheleinheit mit meinem Mensch!

Zumindest darf ich Keule mit seinen Kumpels ein wenig beobachten.
In der Hundegruppe ist er eher der Zurückhaltende. Meist bewegt sich der Kleine abseits des Rudels.
Kommt der Kastrat den anderen Hunden zu nahe, wird er herumgeschubst, beinahe schon drangsaliert. Bei Menschen

würde man es Mobbing nennen. Als ich den Auslauf betrete, kommt der zierliche Herzensbrecher sofort angerannt, weswegen man im ersten Moment denkt, er wäre der der Menschenfreundlichste. Auf den zweiten Blick sieht man aber, dass er ziemlich ruppig vom schwarzen Poser-Leithund vorausschickt wird. Keules Rang im Rudel ist niedrig, dementsprechend devot gibt er sich. Mir sticht zuerst ins Auge, wie angeknabbert und vernarbt seine Ohren sind, und am auffälligsten ist, dass er hinkt und seinen rechten Hinterlauf abspreizt. Bei der ersten Begegnung mit mir flippt das Kerlchen völlig aus, leckt wie im Wahn meine Hand ab, schmeißt sich auf meinen Schoß, bis der Rest der Meute eintrifft und mein neuer Freund den Rückzug antritt. Es scheint fast so, als würde das Hündchen mich selbst nach beinahe einem Jahr Trennung wiedererkennen. Sofort nehmen mich die anderen Hunde in Beschlag. Keule wird angeknurrt, weggestarrt und verbellt. Der schüchterne Rüde traut sich nur noch ganz zaghaft, Annäherungsversuche zu starten. Mir reicht es mit dem Studium des Sozialverhaltens dieser Hundemeute. Jetzt geht es ans Eingemachte.

Als ich den lädierten Junghund hochnehme, werden seine Augen ganz groß, wie zwei leuchtende ungläubige Monde. Beim ersten intensiveren Streichelkontakt fühle ich seine hervorstechenden Rippenbögen.
Überall hat er kleine wunde Stellen, die von Zurechtweisungen und Rangeleien mit anderen Hunden herrühren. Der dominante Leithund hatte den Armen in der Woche zuvor sogar stärker verletzt.
Wir verarzten notgedrungen seine schorfige Bisswunde am Hals.
Sie ist glücklicherweise nur noch doppelt Daumennagel groß, bereits halb verheilt und der Schorf am Abblättern.
Zumindest habe ich nun kein schlechtes Gewissen mehr, ihn aus seinem Rudel zu reißen. Er heult der Bande nur noch eine Träne nach. Abends, als wir vor dem verschlossenen Tor

stehen, eigentlich um zu fragen, ob man uns ein Taxi rufen kann, erhebt er lautstark seine Stimme, als wolle er Tschüss sagen. Mehrere Dutzend Hunde antworten. Da sind wir schon auf dem Weg in sein neues Leben.

Zunächst müssen wir uns aber kennen lernen. Wir wagen uns in die endlose Weite der auslaufenden Sahara.

Mit einem schweren „Klonk" fällt die orange bemalte Eisentüre der Auffangstation hinter uns zu. Keule erschrickt und setzt zum Sprint an, erwürgt sich fast selbst dabei. Wovor Hund so alles Angst haben kann: vor Plastiktüten, Autos, anderen Hunden, Büschen, weiten, einsichtigen Plätzen, Fahrrädern, Menschen mit Mützen...

Genau diese Situation wollte ich vermeiden, indem ich langsam an die Sache herangehe. Vertrauen aufbauen, Positionen klar machen und dann erst in die große, weite Welt ausziehen. Es fühlt sich so an, als würde man als Nichtschwimmer im Meer ausgesetzt werden. Man treibt schon immer irgendwie oben, wobei es eine Frage der Beharrlichkeit ist, ob man überlebt oder nicht. Bereits nach 20 Metern ächzen meine Knie.

In die Hocke gehen, den Junghund vorsichtig und liebevoll heranrufen, den Neuling ja nicht zu fest anschauen. Dies ist die kritische Phase. Über die knatternde, stark befahrene Straße trage ich ihn. Keule verbeißt sich noch in meinen Armen in der kurzen Leine. Auf einer ruhigen Seitenstraße legen wir die leichte Schleppleine an. Er fühlt sich merklich wohler, zieht und zerrt aber noch bei jedem plötzlichen Geräusch.

Seiner Entspannung wenig zuträglich ist, dass wir an einer dauerbeschallten Touristenhochburg vorbeilaufen. Wenn er richtig panisch wird, stelle ich mich ruhig vor ihn und warte bis er „runterfährt".

Ein „Leithund" toleriert schließlich keine Panik. Manchmal hilft das nicht, weswegen ich ihm vorsichtig die Hand in den Nacken lege und warte, bis sich sein Atem beruhigt. Für uns beide ist das Vorankommen körperlich wahnsinnig anstrengend. Wir bewegen uns in der prallen Tropensonne im Stop and Go Modus. Keule trinkt einen ganzen Liter, nur auf den 500 Metern zum Strand. Ich verzichte auf Flüssigkeit zugunsten des Hecheltiers.

Er darf jetzt keinesfalls überhitzen! Dann reißt mir der Angsthase wegen eines klappernden Anglers auf einem Fahrrad aus und rennt blindlings drauf los.

Gerade noch bekomme ich mit einem Hechtsprung die Leine gehalten. Mir bleibt nichts anderes übrig als mein zerrüttetes Hündchen aufzuklauben und es den ganzen restlichen Weg zum Strand zu tragen.

Keule zittert dabei wie Espenlaub. Meine Hoffnung zu Grabe tragend, dass ein Inselhund mit dem Meer etwas anfangen kann, beobachte ich verwundert seine offensichtliche Zurückhaltung gegenüber dem feuchten Element.

Trockener Sand ist zu tolerieren, aber nasser? Erstmal zehn Schritte zurück. Wir richten uns ein Lager ein. Ich zwinge ihn sich hinzulegen, indem ich ihn in Grund und Boden starre. Immer weiter starren, nur nicht aufgeben. Zögerlich blickt er weg. Endlich!

Erschöpft fällt er in die warme, weiche Wohltat und genießt das schlichte Kontaktliegen. Kein Gestreichel, kein Handy, nicht schreiben oder rauchen. Nur liegen und ihm Nähe zugestehen. Nach einer Weile beginnt er sich mit seiner Nase umzuschauen.

Die hatte er zuvor kaum benutzt. Eine ausgedehnte Fütterung nimmt ihren Anfang. Dankbar nimmt er jeden Brocken auf. Wir machen ein kleines Spiel daraus.

„Vergraben und ausbuddeln."

Während die ersten Zeilen dieser Geschichte entstehen, kommt er immer näher an mich heran. Mein zukünftiger Hund wird zu einer noch sehr zurückhaltenden Schmusebacke.

Wir verbringen den ganzen Tag am Strand, fläzen, lungern oder gammeln, wie es so schön auf Neudeutsch heißt. Er beginnt mir ein bisschen zu vertrauen. Zum Sonnenuntergang geht es zurück zur Hauptstraße.

Als ich recht zackig stehen bleibe, um einen rücksichtslosen E-Biker vorbeizulassen, fühlt sich Keule endlich sicher genug um zu pinkeln. Nicht irgendwie bisschen rumtröpfeln, sondern einen seit Stunden eingehaltenen Sturzbach ablassen. In meinen Notizen nannte ich ihn den „Zwei Liter Todespinkler".

Nachdem sich diese Schleusen geöffnet haben, geht es ein klein wenig besser.

Einzig seine Sitzstreiks und Blockadeeinheiten zehren an meinen Nerven. Kommt ein Auto, rennt er nicht mehr weg, sondern sucht Kontakt, weigert sich aber weiterzulaufen, solange irgendetwas sich Bewegendes in Sicht ist. Der Verdacht stand schon bei OSPA im Raum, dass er einst angefahren wurde. Mir bleibt nichts anderes übrig, als ihn die Straße entlang zu tragen.

Die Alternative wäre, den Angsthasen am Halsband hinter mir her zu ziehen. Notgedrungen gebe ich irgendwann auf. Bevor die Sonne endgültig untergeht, wäre ich gerne daheim. Deshalb rufe ich winkend ein Taxi heran.

Mit offener Kinnlade bestaunt Keule seinen Erzfeind, das Blechmonster. Jetzt muss er sich von diesem Ding auch noch fressen lassen. Wir steigen nämlich ein. So schlimm kann es gar nicht sein.

Ein Schmunzeln kann ich mir nicht verkneifen, denn sein ungläubiger Blick aus dem Fenster verrät alles. Ruckelig wandert sein Kopf den vorbeiziehenden Begrenzungspfosten hinterher. Er fiept kurz und legt sich hin, schmatzt und gähnt, was das Zeug hält. Ob ein Auto einen beschwichtigen kann?

Erste Autofahrt meines Lebens

Letztendlich will er nicht mehr aussteigen. Seiner Meinung nach soll das Taxi von nun an sein neues Zuhause werden. Manchmal muss man jemanden zu seinem Glück zwingen. Entschlossen zerre ich den störrischen Vierbeiner am nagelneuen Halsband auf die Füße und hebe ihn auf das weiß glänzende Pflaster vor unserem Haus. Keule stakst darüber, als wäre es Morast oder etwas in der Art   .

Der müde Krieger bewegt sich wie eine Ente. Bei der Treppe ist dann Schicht im Schacht. Rutschige Fliesen, dazu noch steil und uneinsichtig.

Wäre der Hund in der Lage mir mitzuteilen, was ich ihn alles kann, na dann guts Nächtle. So trage ich den Armen die zwei Stockwerke nach oben. Für Keule öffnet sich die Welt in seine neue Lieblingslocation.

Den Flokatiteppich nimmt er sofort in Besitz. Der junge Rüde wird plötzlich, im wörtlichen Sinne, hundemüde.

Nach einer ausgiebigen Fütterung aus der Hand schläft er halb auf meinem Schoß liegend ein. Sein Kopf rutscht dabei gemächlich zurück, wobei sich sein feuchtes Näschen immer weiter platt drückt und zerknautscht. Zuckersüß!

Dadurch schnarcht das Hündchen, während es wild träumend mit den Beinen tritt.

Drei Zähnchen lugen, von der Unterlippe nur halb bedeckt, hervor. Er erwacht, da mich die Notwendigkeiten des Lebens treiben. Es folgt ein pikierter Schnauber. „Wie kannst du es wagen aufzustehen?" Mein Haustier hatte gefressen und gepinkelt. Meine Wenigkeit hingegen war am Verhungern. Zur Beruhigung bekommt Keule sein erstes Kauutensil, einen Ochsenziemer.

Die Fassungslosigkeit, dass die Leckerei nun wirklich nur ihm alleine gehört, steht dem Jungtier ins Gesicht geschrieben. Misstrauische Blicke werden mir zugeworfen. „So etwas verschenkt man doch nicht! Wirklich meins?" Er knabbert glückselig darauf herum, während ihm die Augen dabei immer wieder zufallen. Der Kleine kämpft tapfer gegen den Schlaf, um weiter zu kauen. „So etwas Geiles bekomme ich nie wieder! Immer weiter nagen!" Mit dem angesabberten Leckerli im Mund schläft Keule ein.

Zur gesundheitlichen Einschätzung, würde ich sagen, dass er

mittelmäßig dasteht. Überall Zecken. Bei zwanzig habe ich aufgehört zu zählen. Grind und Dreck in den Ohren. Seinen rechten Vorderlauf ziert eine dicke Narbe, genauso wie beide Lauscher. Hinten hinkt er ein wenig, was schlimmer wird, je mehr wir uns auf Asphalt bewegen. Wenn man ihm auf der rechten Seite über den Rippenbogen streichelt, zuckt er erschrocken zusammen. Die OSPA-Leute glauben, Keulchen sei als ganz junger Welpe angefahren worden. Sein Magen macht fortwährend unheilvoll gluckernde Geräusche. Zur Sicherheit gebe ich ihm eine halbe Diatab, eine spezielle Nahrungsergänzung für verdorbene Hundemäglein.

Die frisst er im Gegensatz zu unserem Fluffgepuff zu Hause anstandslos, was seine Bauchakustik um mindestens zehn Dezibel senkt. Zwischen den Zehen hat er eine offene Stelle, genauso wie am Hals. Dort wurde er gebissen. Die Wunden müssen regelmäßig behandelt werden und sind ungefähr so groß wie ein zwei-Euro-Stück. Der Kleine hat eine optische Besonderheit.

Einen mega Musikerknochen, der auch als Haltegriff an einem Autoscooter dienen könnte. Der Verdacht liegt nahe, dass er ihn sich durch einen Stockschlag eingefangen hat.

Wenn er lächelt, wirft sich sein ganzes Gesicht in Falten, dann erkennt man eine dicke Narbe neben dem rechten Auge. Er liegt auch immer auf der linken Seite. Alles in allem entspricht er ungefähr meinen Erwartungen, glücklicherweise ist es nicht schlimmer. Er ist ein bisschen kleiner als ich gedacht habe, wobei klein das falsche Wort ist.

Zierlicher passt eher. Lange Haxen nennt er stolz sein eigen, genauso wie eine gewisse Härte gegenüber äußeren Reizen. Was mich sehr freut ist, dass der junge Mann keine Empfindlichkeiten gegenüber Geräuschen zeigt.

Hier im Haus herrscht Trubel. Kinder, hupende Taxis, andere Hunde und Türklingeln interessieren ihn nicht die Bohne. Er fiept herzzerreißend im Halbschlaf. In einem Anfall von Mitleid hole ich meine Matratze zu ihm und verbringe die

Nacht auf dem Boden in seiner Nähe.

Dass er die Gelegenheit nutzen würde, wenn man ihm den kleinen Finger reicht, den dazugehörigen Arm zu fressen, konnte ich ja nicht ahnen.

Während ich schreibe, schmeißt der Bandit sich frecher Weise auf mein frisch erbautes Matratzenlager und besetzt es als seines.

Auch mir drückt es bald darauf die Augenlider zu. Obwohl es noch nicht einmal acht Uhr am Abend ist, fallen wir gemeinsam zutiefst erschöpft in unsere erste Nacht als Keuljamin. Ok, zugegeben, durchgeschlafen haben wir nicht. Um ein Uhr scharrte es auf dem Teppich. Sofort unterbinde ich seinen unbeholfenen Pieselversuch und trage den Jüngling nach draußen. Die Treppen runter versuche ich ihn gar nicht erst zu bewegen. Meine Freude ist groß, als er einen dicken Haufen setzt. Sein erster Vertrauensbeweis!

„Ich kacke, du passt auf! "

Wer es nicht kennt, versteht die Freude über Fäkalien nicht. Eltern zum Beispiel schon. Sicher ist er sich noch nicht, dass ich ihm den Rücken decke, denn immer wieder zelebriert er Sitzstreiks.

Dauernd blickt er sich panisch um und dreht wilde Kreise. Abermals pieselt mein Bub wie ein Mädchen. Da habe ich mir ja einen „selbstbewussten Rüden" angelacht. Doch ein kleiner Fortschritt ist zu verzeichnen: Er wagt sich mit viel Geduld meinerseits bis ins Treppenhaus vor.

Mindestens zehn Mal geht das Licht aus, aber wir schaffen es zumindest die Treppe von unten zu besichtigen, von Hochlaufen keine Rede. Der Herr bevorzugt weiterhin getragen zu werden. Ich mache mir Mut. Weniger ist mehr. Wir wollen das arme Hündchen ja nicht überfordern.

Die Panik vor der elektrischen Zahnbürste will ich gar nicht erwähnen. Es dauert, bis er dieses laute Dingsbums nicht mehr anbellt. Deswegen steige ich auf Handbetrieb um und schalte sie nur kurz ein, dass er sich an das Geräusch gewöhnt. Als ich vom Zähneputzen vom Balkon komme, hat der kleine Rüpel abermals MEIN Bett erobert.

Mir bleibt nichts anderes übrig, als ihm meinen Standpunkt klarzumachen und ihn runterzuschmeißen.

Zehn Minuten später liegt er an meinen Füßen. Man ist ja auch nur ein Mensch. Er bettelt so freundlich, seinen Kopf legt der junge Herr dafür auf die Matratze und äugelt mit schmachtendem Hundeblick. Jeder würde da weich werden, weswegen ich dem Süßen den Fußraum zuweise. Natürlich erwache ich mit einer Hundenase im Gesicht, deren Besitzer lang ausgestreckt an meiner Seite schnarcht.

Da bin ich schon ein Bayer!

EINEN SCHRITT VORWÄRTS ZWEI SCHRITTE ZURÜCK

Kurz vor sechs beschließt Keule, dass jetzt Spiel-, Rumalber- und Ulkzeit ist. So langsam taut er auf. Er bringt mir einen Schuh mit einer eindeutigen Spielaufforderung. Sein Kopf fliegt dafür hin und her, mitsamt wild schlackernden Ohren. Der Schuh fällt, wird wieder aufgelesen, mir vor die Füße geworfen und wieder stibitzt. Ich ersetze meine Ledertreter durch adäquates Hundespielzeug, einen von meiner Liebsten selbstgemachten Ball aus alten Kletterseilen und veranstalte ein verhaltenes Zerrspiel. Vor lauter Freude dreht der Kleine sich unkontrolliert im Kreis und schmeißt dabei seine Wasserschüssel laut scheppernd um.

Es braucht geraume Zeit, bis sich der Schisser von diesem Schock erholt. Zu meinem Leidwesen wird der Kleine nie wieder aus der Metallschüssel trinken.

Deswegen trage ich von nun an im „African-style" immer einen abgesägten Plastikflaschenboden mit mir rum.

Das kennt der Kleine von seiner Zeit als Straßenhund, wodurch seine Flüssigkeitsaufnahme dauerhaft garantiert ist. Glücklicherweise gibt es die Zeitverschiebung, und mein Körper denkt noch, es wäre bereits acht Uhr und nicht kurz vor sechs.

Während unserer Kuschel- und Spielaktion fallen mir die vielen Zecken in seinen Ohren auf. Systematisch beginne ich seine überraschend dunkle Hundehaut zu durchkämmen. Hunderte der Mistviecher sitzen in allen Ritzen. In den Achselhöhlen, um die Nase und sogar am Schniepel.

Der Kampf beginnt, was eine Entzeckung, die in mehreren Schlachten gewonnen werden wird, zur Folge hat. Sicherlich spürt der Racker mein Wohlwollen, da er die Pflegeeinheiten ruhig über sich ergehen lässt, wobei er mir nicht wie Fluffgepuff danach erstmal böse ist und schmollt. Der Kleine folgt mir neugierig überallhin und steckt sogar den Kopf auf den gefürchteten weiß gefliesten Balkon.

Grundsätzlich ist er sehr aufgeschlossen. Er knabbert gerne an sich herum und putzt auch mich ausgiebig. Anscheinend bin ich ihm zu dreckig oder die abgestandene Sonnencreme auf meiner Haut schmeckt einfach gut. In mir meldet sich ein Magengrummeln. Nicht nur an dem Hündchen nagt der Hunger. Hm.. Im Kühlschrank herrscht gähnende Leere, seit einer Ewigkeit habe ich nichts mehr von meiner Frau gehört. „Keule, wir müssen in die Stadt!" Innerlich bereite ich mich darauf vor, dass wir uns geduldig ins „Zentrum" vorarbeiten. Kaffee, ich komme!

Hilf mir Herrchen! Ein anderer Hund!

Satz mit X, war wohl nix!

Wir durchleben einen fetten Fehlschlag. Nach verkniffener Erleichterung hat die Panik Keule fest im Griff. Einige Rudel Straßenhunde raufen sich in der Nähe, was meine Mimose veranlasst, am liebsten in einem Loch zu verschwinden. Aber er hat verstanden, wo sich unser Domizil befindet und zieht aus Leibeskräften in Richtung Haustüre.

Vor dem Treppenabsatz macht er kehrt, wobei er sich gerade nicht entscheiden kann, ob es schlimmer ist, draußen zu sein oder die spiegelnde Treppe zu erklimmen. Aufgrund von akutem Kaffeenotstand erbarme ich mich und trage den Wildfang nach oben.

Dann erhält der Racker jetzt halt eine andere Lektion. Alleine bleiben! Drei Mal kontrolliere ich, mit länger werdenden Abständen, wie Keule auf das Alleinsein reagiert. Um es frei heraus zu sagen: Gar nicht!

Ich mache mich auf zum nahe gelegenen „Chinese Song" in ungefähr dreihundert Meter Entfernung, um Kaffee und Zucker zu erwerben.

Dazu kommen noch Jum-Jum-Nudeln, Müsli, ein Packerl Milch und Saft. Kostenpunkt 24 Euro. Auch ein Europäer schluckt bei diesen Lebenserhaltungskosten. Auf die Insel Sal muss jede Kalorie via Flugzeug oder Schiff importiert werden. Das hat seinen Preis.

Als ich nach Hause komme, schläft Koyla tief und fest. Ich nutze die Gelegenheit und komme der Einladung einiger Nachbarn auf einen Kaffee nach.

Beim Betreten des verrauchten, überfüllten Raumes bietet sich mir ein Bild der Ordnung im Chaos. Matratzen lehnen an der Wand und eine Zehnjährige wäscht ihre T-Shirts, die sie säuberlich aufhängt.

Zehn Kerle sitzen um einen Tisch und spielen irgendein traditionelles Holzspiel.

Es stinkt nach Alkohol und Marihuana. Mir wird mein Kaffee von einer entzückenden Sechsjährigen serviert. Die

Kleine bekommt noch am selben Tag eine komplette Schulausrüstung von mir gesponsert. Zu Hause würde man das Getränk, das sie mir übergibt, übrigens nicht Kaffee, sondern Grog nennen. Die Kleine hat es selbst zubereitet, was erklärt, warum das Gebräu derart stark geraten ist. Wir Männer plaudern über Autos, Fußball, E-Bay und Frauen. Ich hege Fluchtgedanken, denn für diese Lebenswelt bin ich wahrlich nicht geschaffen. Man fühlt sich als Europäer, als wäre man von einem anderen Stern oder stamme aus einer anderen Zeitperiode der Menschheit.

Andauernd muss ich mir verkneifen, die teils Voodoogläubigen Afrikaner zu belehren, oder zu widersprechen, wenn es um geringschätzige Bemerkungen über anwesende Frauen geht, oder bei Diskussionen einzuschreiten, die beispielsweise die Errungenschaften der modernen Medizin wie Impfungen oder Blinddarmoperationen diffamieren. Bei Fußball kenne ich mich nicht aus, bei Autos will ich mich nicht auskennen. E-Bay ist mir seit jeher ein Mysterium und meine glückliche Ehe mit einer emanzipierten, starken Akademikerin lasse ich unerwähnt, indem ich auf meinen Ehering deute und unverbindlich lächle.

Dass glücklich verheiratet zu sein einen Hinderungsgrund darstellt, die mir vom „Boss" angebotene Dame auf mein Zimmer mitnehmen zu wollen, stößt auf allgemeines Unverständnis.

Sobald wie möglich seile ich mich deswegen ab, mit Keule als Ausrede. Mein Hündchen liegt noch immer regungslos an der gleichen Stelle, an der ich ihn zurückgelassen hatte. Als er mich bemerkt, ist aber die Freude groß. Er tanzt um mich, hüpft, bis er abermals sein Wasser umschmeißt. Vorwurfsvoll blickt er mich an. Als ob ich etwas für seine Schussligkeit könnte!

Unser erstes Ausflugsziel

Sein Verhalten weist eindeutig darauf hin, dass der Junghund nicht ausgelastet ist. Ich fasse mir ein Herz und wage einen zweiten Versuch, mit ihm an den Strand zu gehen. Mit neuer Taktik wenden wir uns ab von jeglicher Zivilisation und laufen in die Wüste. Trotz Begegnungen mit Menschen reagiert mein Wauwau nicht panisch. Er freut sich sichtlich. Sein Schwänzchen steht. Nur bei Hundegebell in der Ferne verharrt er regungslos.

Ich bin stolz auf ihn. Ein gigantischer Bagger rollt mitten im Nichts an uns vorbei und der Mischling interessiert sich gar nicht dafür.

Wir haben außerdem Glück mit dem Wetter. Es zieht zu, während die Wolkendecke Wind vor sich her schiebt. Wir atmen beide merklich auf. Vor uns öffnet sich eine weite Leere aus zerklüfteter Küste und schwarzem Vulkangestein. Kilometerweit geborstene, rundgeschliffene Gesteinsbrocken an der Küste, die mit den meterhohen Wellen lautstark angebrandet werden. Eine Spezialherausforderung für den von Angst geplagten Rüden. Der Krach des rollenden Gesteins schüchtert Keule zunächst massiv ein.

Ich gebe meinem Hündchen Leckerlis und locke ihn näher an die Brandung. In verschiedenen Situationen auszuprobieren, ob das Durchbrechen seiner Angst wirklich so leicht sein kann, wie von meinem Hundebuch behauptet, habe ich mir für heute fest vorgenommen. Mein Verdacht bestätigt sich. Kauen beruhigt Keules Nerven. Sobald etwas Leckeres in seinem Mund steckt, vergisst er seine Umgebung.

Während meine Füße im erstaunlich kalten Wasser des Meeres hängen, mopst er mir meine Sitzgelegenheit unter dem Popo weg.

Das Handtuch auf den ungemütlichen Steinen scheint ihm zu gefallen. Der Frechdachs zerrt daran, hebt immer wieder Steine im Handtuch hoch und lässt sie scheppernd fallen.

Soviel tolle Spielsteine!

Plötzlich erstarrt mein neuer Gefährte. Mit hoch erhobener, in der Mittagssonne glänzender Nase wittert Keule etwas. Sein Kopf steht wie festbetoniert im Wind, nur sein mobiler Riechkolben wandert von links nach rechts. Erstaunt darüber, wie unglaublich beweglich die Schnüffelvorrichtung meines Buben ist, gehe ich seiner Aufforderung, doch bitte zu gehen, nach. Ich begreife erst im Nachhinein, was der ehemalige Straßenhund da macht, denn er kann „Richtungsriechen". Der junge Hund beschließt, dass wir jetzt doch dem herangewehten Pommesduft folgen, was uns unweigerlich zu Touristen und seinem Hauptangstfaktor, den Straßenhunden, führt. Beim ersten großen dominanten Rüden macht der angstgestörte Kastrat seine Sache super. Schaut weg, beschwichtigt. Nur laufen will er halt nicht. Das gleiche Spiel bei einem kleinen Terriermix. Mir ist durchaus klar, dass sein Verhalten auch an mir als Störfaktor Mensch liegt.

Der Zwang, an Ort und Stelle zu bleiben, geht eindeutig von mir aus. Normalerweise würde Humpelinchen in Windeseile die Beine in die Hand nehmen oder er hätte das Territorium der anderen gar nicht erst betreten. Ihn zieren eindeutige Bisswunden.

Doch die nächste Herausforderung wartet schon. Zwei wild bellende Wächterhunde am erstbesten Restaurant verwehren uns den Eintritt. Entschlossen trete ich den adipösen Schäferhund-Was-Auch-Immer-Mixen entgegen, bevor die bissigen und aufdringlichen Mistviecher Keule weiter bedrängen können.

Uns gelingt, es eine Liege zu beziehen. Unglücklicherweise gibt es keine Bedienung, weswegen ich selbst am Tresen der Strand-Spelunke für mein leibliches Wohl sorgen muss. Am Rand platziert, stemmt Koyla sich zunächst panisch in die Leine, als ich mich einige Schritte entferne. Ich lege ihm ein Handtuch hin und ermahne ihn ein wenig forsch, dort zu bleiben. Der schlaue Bub ergibt sich seinem Schicksal. Brav sitzt er mit fragend schief gelegtem Köpfchen da und wartet. Langsam, aber sicher, akzeptiert der aufmüpfige Rüde meine Führung. Was er nicht ahnt, ist, dass sich das Warten lohnt. Selbstverständlich muss ich ihn hart vom Betteln abhalten, den Frechdachs anpusten und zwicken, aber nach nur drei Versuchen lässt er ab und entspannt sich. Zur großen Überraschung seinerseits erhält das hungrige Hündchen den extra aufgesparten Rest meines Burgers.

Den Knoblauch-Chili-Geschmack hatte er nicht erwartet. Die umstehenden Touristen müssen lachen, denn Keule wirft sein Gesicht in Falten, rümpft die Nase, bis er prustend seinen Kopf im Wassernapf versenkt.

Der nächste Burger gehört wohl mir alleine. Insgesamt funktioniert die Inanspruchnahme von Spielzeug und toten Fischen am Strand schon viel besser. Nach einmaligem „Ssssscht", lässt er ab.

Dass er fortwährend versucht, mich durch Kreuzen einzubremsen, zeugt davon, dass die Rangfolge noch nicht endgültig geklärt ist. Leidenschaftlich erkundet er seine Umwelt, schnüffelt, was das Zeug hält, bis er sich in die Leine gewickelt hat, die er übrigens voll sch....., nervig und als überaus lästig empfindet.

Zahlreiche Nage- und Bissspuren weisen eindeutig darauf hin. Mittlerweile habe ich dem Schelm diese Verhaltensunart durch „Überkompensationstausch" abgewöhnt. Dabei ersetze ich einfach eine unerwünschte Macke durch eine Handlungsoption, auf die Keule in diesem Moment „anspringt".

So sehr ich mit mäßigem Erfolg versuche, mich in meinen neuen Begleiter hineinzuversetzen, so leicht fällt es dem seit Tausenden von Jahren domestizierten Hund, sich mich gefügig zu machen.

Er riecht meine Stimmung, merkt eindeutig, wenn ich gute Laune habe oder grantig bin, weil der Hunger an mir nagt. Während ich mit meiner Liebsten telefoniere, kuschelt der „Empath" sich ganz eng an mich.

Dabei freut er sich seines Lebens, indem er in einen Quatschmodus verfällt. Heißt: „Ich zerre an allem, was mir zwischen die Zähne fällt!" Schuhbändel, Gürtel, Kordeln oder Reißverschlüsse. Kurz darauf die SMS. Acht Minuten Telefonat für 24 Euro. Mein Schwabenherz blutet, wobei meine liebende Bennipumpe vor Freude zugleich wild schlägt.

Mir fällt beim Gang zur Toilette auf, dass Keule immer schlimmer humpelt. Ich sehe ein, dass wir nun dringend heim müssen. Nach gerade mal zwei Kilometern ist der einstmalige Zwingerbewohner komplett am Ende.

Ein Nickerchen würde genügen, ihn fit zu bekommen, aber leider wird daraus nichts. Im Restaurant wird nur geruht, aber nicht geschlafen, da andere Hunde in der Nähe sind. Auf dem Heimweg geschieht Unglaubliches: Der Racker versucht mich zu kreuzen, ich remple ihn, wohlbemerkt aus Versehen, an, schimpfe herum, ohne ihn persönlich zu meinen - und dann das Wunder: Er läuft brav hinter mir. Mit offenem Maul und stehender Rute wagt er sich nur meterweise an mir vorbei.

Im Haus der nächste Erfolg: Die erste Reihe Treppen arbeiten wir uns gemeinsam auf allen Vieren hinauf. Auf jeder Stufe stoppen wir, um sie abzuriechen.

Er freut sich tierisch, nur weil ich mich freue. Das erste selbst erklommene Stockwerk seines Lebens! Bei der zweiten Treppe herrscht Totalverweigerung. Lautstark schreit ein Baby in unserer Nachbarwohnung. Das Geräusch kann der müde Rüde nicht zuordnen.

Vor dem Meer habe ich fürchterliche Angst!

Sein Instinkt rät ihm anscheinend, stocksteif zu verharren, was er auch ausgezeichnet hinbekommt.

Eine weitere Überraschung erwartet mich. Als ich wie üblich zu ihm gehe, um ihn hochzuheben, senkt sich sein Hintern mit wedelndem Schwänzchen. Er schaut mir auffordernd ins Gesicht.

Er sagt mir: „Ich bin tragebereit!"

Faulheit? Schmerzen beim Laufen, weil er fortwährend humpelt?

Nach dem vierten gescheiterten Versuch, in das zweite Stockwerk zu gelangen, erbarme ich mich. Wieder schickt er mir das Signal: „Trag mich!"

Endlich in den eigenen vier Wänden angekommen, wirft er sich dankbar auf seinen Platz, schläft nach nicht einmal einminütigem Kraulen ein, um wie ein Bär zu schnarchen. Für den ersten vollen gemeinsamen Tag haben wir riesige Fortschritte gemacht. Er ist fast immer abrufbar, nimmt von selbst Kontakt zu anderen Menschen auf, für meinen Geschmack fast zu sehr, außerdem zog er sich nach einmaligem Betteln beim Essen sofort zurück. Keule lässt von Widerlichkeiten in allen Variationen ab, sobald das Signal zum Weitergehen kommt.

Selbst tote Fische, aufgedunsene Seeigel und brütende Vögel interessieren ihn nicht mehr, „verlagere" ich sein Interesse. Er stöbert sowieso alles auf, das für Hunde nichts ist. Ölkanister bringt der Sammler an und zerbrochene Flaschen. Das Schlimmste war ein bereits in voller Verwesung befindlicher Kofferfisch.

Meine für unsere Übungen benötigte Geräuschkulisse würde jeden Hundetrainer wahnsinnig machen. Quietschende Spieltöne, tiefes Brummen, durchdringende Pfiffe.

Er lernt schnell, was was bedeutet. Die Angewohnheit, im Wind fliegende Plastiktüten zu verbellen, lasse ich ihm durchgehen, genauso wie das Anknurren großer Steine. In einer Steinwüste eine Herausforderung.

Den Nachbarshund, einen kleinen, sehr räudig wirkenden „Tschiwapttschiterrier" knurrt er mutig in seine Schranken, als dieser in unsere Wohnung will. Derart gesträubt wirkt Keule doppelt so groß. Er kann also auch anders.

BACK TO THE ROOTS!

Wenn wir schlafen, merke ich nicht, dass der Racker ins Bett hüpft. Mein neuer Freund weicht einfach nicht mehr von meiner Seite. Während seiner Wachphasen „groomt" er. Das heißt, seine weiche warme Hundezunge wandert über jede erreichbare Hautstelle meines Körpers
Gesicht eingeschlossen. Er sieht es als Zeichen der Zuneigung und versteht nicht, wenn ich ihn aus dem Tiefschlaf heraus anpuste, um ihn auf seinen Platz zu schicken. Herzzerreißend schmachtet mich der Zwerg danach immer an. „Ich hab dich doch lieb!" teilt der Süße mir mit seinem unverhohlen verständnislosen Hundeblick mit. Er ist sehr darum bemüht, mir zu gefallen, traut sich sogar auf den verhassten Balkon, wenn ich schreibe.

Das hat einen einfachen Grund: Zu sehen, dass ich immer noch anwesend bin, liegt ihm schwer am Herzen. Was mich ehrlich wundert ist, dass der kleine Racker jeden Flecken Stoff in der ganzen Wohnung belegen hat.

Jeden, bis auf Fluffgepuffs Deckchen. Kira, alias Fluffgepuff, ist unser aus einer ungarischen Tötungsstation geretteter Ersthund.

Das Deckchen hatte mir extra mein geliebtes Eheweib mitgegeben, damit sich der Neuling an den Geruch der misantropischen Pulidame gewöhnen kann. Mein Jüngling scheint schwer beeindruckt von der Geruchspalette des wolligen Treibhundes.

Er umschleicht die weiche Schlafgelegenheit, stupst sie maximal mit der Nase an, wagt aber nicht, sich darauf niederzulassen. Wie er sich wohl die zukünftige Dame seiner Verehrung vorstellt? Groß und stark mit im Wind wehenden schwarzen Locken? Ich kann nur ahnen, was in seinem Kopf vorgeht.

Eines ist sicher: Fluffgepuffs olfaktorische Dominanz wirkt auch noch tausende Kilometer entfernt. Am heutigen Tag wagen wir erneut den Versuch, in die Stadt zu gehen. Für uns entwickelt sich der halbe Kilometer zu einem grandiosen und glorreichen Sieg gegen die eigene Angst.

An der knatternden Hauptstraße, der pulsierenden Schlagader Santa Marias beziehen wir sogar Quartier. Auf seinem Handtuch, unter dem billigen Plastikstuhl zwischen meinen Beinen, bezieht er unmissverständlich Stellung gegenüber den aufdringlichen Straßenhunden.

Sie durchstöbern gerade das ganze Restaurant.

Mein erster Hundekumpel ist noch ein Welpe!

„Mein Retter", macht durch boshaftes Knurren seine Position klar! Das Rudel Vierbeiner wechselt daraufhin geschlossen die Straßenseite. Es ist noch sehr früh und die Straßen erwachen gerade erst zum Leben. Keule wirft sich stolz nieder. Bald scheint es aber, als hätte ich keinen Begleiter bei mir, trotz knatternder Mopeds, rumpelnden Baulärms und plärrender 80er Jahre-Reggae- Musik, da ihn die Müdigkeit übermannt. Das ermöglicht mir, zwei Stunden mit meinen Liebsten zu chatten, Verlagsarbeit via E-Mail zu erledigen und weiter hieran zu schreiben. Heute ist ein besonderer Tag, denn wir besuchen Koylas alte Heimat OSPA. Bevor wir in ein Taxi steigen, lasse ich ihn am Strand noch kurz pinkeln. Dort entdeckt mein Spielkind eine Heerschar wuselnder Einsiedlerkrebse.

Wer jemals einen einzelnen „Mäusejagdhüpfer" gesehen hat, kann sich vorstellen, was bei hunderten potenziellen Zielen geschieht. Ein Känguru ist ein behäbiges Faultier dagegen. Der Racker tobt sich aus, bis seine Zunge fast am Boden schleift und das untrainierte Hündchen hechelnd auf die Seite fällt. Drei Mal muss ich ihm Wasser nachschenken, während ich die Gelegenheit nutze, ihm eine Kleinigkeit zu fressen zu reichen. Ein fataler Fehler! Eine Viertelstunde später sitzen wir im dritten herangewinkten Taxi. Anscheinend ist es unüblich, Hunde mitzunehmen.
Meiner Meinung nach haben die Fahrer Angst um ihre „schönen Polster". Der junge Mann, der uns aus der Patsche hilft, hat selbst Tiere und nimmt mich gerne mit. Dann auf halber Strecke geschieht es: Keule furzt lautstark. Der nette Fahrer macht zunächst die Musik lauter, warum auch immer und beginnt plötzlich schallend zu lachen. Er muss anhalten, weil er sich nicht mehr einbekommt.
Ich kurbel die Fenster runter, während Keule ratlos und etwas betroffen aus der Wäsche schaut. Nach einer gefühlten Ewigkeit geht es mit einem kichernden Taxichauffeur weiter. Mein Vertrauen in die fahrende Zunft ist auf dem Tiefpunkt,

denn der Herr hat offensichtlich einen zu viel, wovon auch immer. Bei OSPA angekommen, betritt mein Hundi seine alte Heimat nur mit Leckerli-Bestechung, da er auf die kratzbürstigen Wachhunde keine Lust zu haben scheint. Er schimpft lautstark und knurrt die aufdringliche Meute unmissverständlich an: „Lasst mich in Ruhe!"

Aus dem Nichts dreht sich seine Stimmung um 180 Grad. Plötzlich steht das Schwänzchen und dreht sich wild im Kreis. Verwundert erkundige ich mich bei ihm, was denn in ihn gefahren sei? Des Rätsels Lösung kommt gerade um die Ecke gelaufen. Seine feine Nase hatte Keule bestimmt bereits vorab verraten, dass Maria anwesend ist. Beim Anblick seiner vormaligen Betreuerin freut der Rüde sich ein Loch ins Knie.

Eine wilde Tanzeinlage, gefolgt von einem unterwürfigen Rücken-Roll-Manöver soll ihre Aufmerksamkeit wecken. Das alles wird begleitet von einem durchdringenden und hochtönigen Quietschen. Die Afrikanerin beugt sich zu ihm, streichelt kurz über seinen Bauch, um ihn schwungvoll auf die Beine zu stellen. Routiniert nimmt sie meinen Jüngling in Augenschein. Die erfahrene Tierpflegerin nickt mir, meinen Pflegebemühungen Anerkennung zollend, zu. Hilflos, ohne die Möglichkeit mich mitzuteilen, deute ich auf seine Problemstellen.
Die freundliche Pflegerin hilft mir seine Ohren zu putzen, gibt ihm eiskalt und ohne jedwedes Zaudern seine Tabletten gegen insektisches Ungemach aller Art ein, bis sie ihm mit einem festen Griff ein Fieberthermometer in den Popo steckt. Die anfängliche Freude meines Hündchens wird deutlich verhaltener. Umringt von vier anderen Hunden muss ich den „Patienten" zudem dauernd in Schutz nehmen. Darunter befindet sich ein dominanter Rüde, der selbst mir mit seiner Art auf den Nerv geht. Penetrant ist gar kein Ausdruck.

Am Strand fühle ich mich am wohlsten!

Abermals öffnet sich das Gatter zu den Zwingern, woraufhin Koyla von Neuem seinen Freudentanz beginnt, mitsamt im Hintern versenkten Fieberthermometer. Der Tierpfleger begrüßt mein Bübchen überschwänglich, bis er sich höflich mir zuwendet. Endlich lernen wir Bubal kennen, den Organisator aller hündischen Auslandsreisen auf Sal. Ein auf die Vierzig zugehender, aufgeschlossener Muslim nach unserem Geschmack. Er hat eine deutsche Freundin, zudem kümmert sich der Schwarzafrikaner liebevoll um unheilbare Hunde, die nicht vermittelbar sind. Weil ich zur Kaffeepause fleißig schreibe, kommen wir auf ein Thema, das uns beide gefangen hält.

Wir unterhalten uns über Schriftstellerei, denn der Afrikaner, ebenfalls mit kreolischen Wurzeln, hat auch ein Buch geschrieben und würde dies gerne veröffentlichen. Nebenbei erfahre ich, dass wir den gleichen „Hundegeschmack" haben.

Keule ist Bubals Liebling, weswegen mein „liebenswerter Bastard" beinahe bei ihm eingezogen wäre, hätte ich ihm nicht ein neues Zuhause in Europa geboten.

Bei OSPA rumpelt derweil der Alltag unablässig weiter. Häufchen müssen entfernt, Pfötchen verarztet und Unmengen Wasser gereicht werden. Ich helfe, wo ich nur kann, doch kenne ich die „Helferproblematik" selbst von der CityFarm. Meine Wenigkeit steht als „Fremder" oftmals nur im Weg herum, da die eingefleischten Handgriffe der dauerhaft Zuständigen wie von selbst ablaufen. Meist braucht man mit Hilfe länger als ohne.

Ich verlege mich darauf, die maroden Holzkonstruktionen im Eingangsbereich zusammenzuflicken.

Dabei merken wir gar nicht, wie die Zeit verfliegt, denn der Tag neigt sich bereits dem Ende zu. Als sich die massiven Pforten der Tierauffangstation hinter uns schließen, fällt mir siedend heiß der eigentliche und wichtigste Grund unseres Besuches bei OSPA ein. Wir benötigen nämlich dringend das lokale Hundefutter.

Es ist zwar voller E-Stoffe, Konservierungsmittel sowie Weizenschrot, aber dennoch verträgt „seine Empfindlichkeit" die gewohnte Kost am besten. Bubal erklärt sich bereit, unter der Bedingung, dass wir die auf dem Weg befindlichen Straßenhunde füttern, mit uns shoppen zu gehen.

Unsere Route führt uns an gepflegten Hotelhunden, räudigen Einzelgängern und mindestens fünf verstreut lebenden wilden Rudeln vorbei.

Die schiere Menge Vierbeiner entpuppt sich als ultimative Herausforderung für meinen kontaktscheuen Kastraten.

Bubal zeigt mir, wie ich die verwilderten Hunde begrüße. Er schmeißt eine Handvoll Futter in die Runde, dann streckt er seine Hand jedem einzelnen der „Köter" hin, die frei entscheiden, ob sie schnüffeln wollen oder nicht.

Die gleiche Taktik, ohne die Sperenzchen mit dem Futter, wende ich von nun an selbst an. Wir gehen vorsichtig auf die lautstark bellenden Hundemeuten zu, reichen ihnen die Hand, denn nur so wird Keule irgendwann verstehen, dass sein Herrchen ihn beschützt sowie die Situation für ihn einschätzt.

Ich übernehme die Verantwortung für ihn! Aggressive Artgenossen weise ich in ihre Schranken, was leicht ist, denn Schläge kennen die Armen zur Genüge. Es reicht, einen Arm zu heben - und zehn Hunde weichen erschrocken zurück. Nicht Sinn und Zweck der Übung, aber leider bei besonders bissigen Biestern äußerst hilfreich.

Endlich gibt es Futter!

Dies ermöglicht meinem schüchternen Wauwau erste Sozialkontakte herzustellen. Sein Angst-Zittern wird weniger, wodurch er bei Begegnungen mit Hunden bereits aufrecht stehen kann. Gestern wäre dies in Gruppen dieser Größe noch gar nicht möglich gewesen. Sitzend, auf eingeklemmten Schwanz, war bisher seine bevorzugte Körperhaltung gegenüber Artgenossen.

Verglichen mit europäischen Verhältnissen gleicht die Wanderung eher einem knüppelharten Spießrutenlauf denn einer gediegenen Gassirunde.

Wir bewegen uns durch slumartige Siedlungen, die ich alleine nie betreten hätte. Es ist Wochenende. Die sonst in der Schule geparkten Kinder balgen sich auf den Straßen.

Es kostet mich einige Mühe, die neugierigen Knirpse von meinem ängstlich zurückweichenden Jungtier fernzuhalten. Mehrere Packungen Kekse gehen dafür drauf, die eigentlich meinen Notvorrat darstellten.

Der Weg in den Stadtkern zieht sich ewig hin. Nach einigen Kilometern über Asphalt humpelt mein Keulchen wie ein fußkrankes Lastenmuli. Die einzigen Verschnaufpausen bieten sich uns, wenn wir vor verschiedenen Läden geduldig auf unseren Anführer warten. Alleine hätten wir nämlich nicht mehr nach Hause gefunden.

Ich mache mir Sorgen um den Gesamtzustand meines Bübchens. Die Müdigkeit schlägt nämlich bei meinem Schützling zu, weswegen er sich verdächtig unsicher bewegt. Dem Kleinen fallen sogar die Augen im Stehen zu. Mit einer Verabredung zum Abendessen bei Bubal, meine Schultern zusätzlich beladen mit einem gigantischen Hundefuttersack, erreichen wir unser ersehntes heimatliches Domizil. Die Treppen bilden ein unüberwindbares Hindernis für meinen ausgelaugten Streuner. Abermals heißt das für mich, ihn hochzutragen. Nach einem opulenten Fresschen fällt Koyla, wie er auf kreolisch heißt, todmüde um. Der Racker will weder noch einmal vor die Tür, noch ist er gewillt, mehr als ein Augenlid zu heben. Ich überlasse ihm seinem geträumten Schicksal und begebe mich zum Dinner zwei Straßenzüge weiter. Eine harte Mischung Mensch ist dafür zum Abendbrot zusammengekommen.

Rastas, Muslime, Hebräer und ein Agnostiker Aus Rücksicht halten wir den Abend „halal".

Bei einigen Gästen ist die Enttäuschung groß. Das heißt nämlich kein Alkohol! Ich bin froh, dem obligatorischen, aus einem gemeinsamen Glas genommenen, Umtrunk zu entfliehen. Hitzige Diskussionen über Flüchtlinge, Politik und Religionen entstehen.

Lauter Themen, über die man gut streiten kann, wobei ich versuche, mich weitestgehend rauszuhalten. Bei der einen oder anderen Falschaussage zwingt mich aber mein gesunder Menschenverstand einzuschreiten. Der Zugang zu Google ist vielfach sehr hilfreich.

Dabei öffnet sich einigen Anwesenden so manches Auge, wobei der eine oder andere Tellerrand in tausend Scherben zerspringt, was allgemeine Heiterkeit hervorruft.
Bildung ist klasse!

Mein Freund Bubal!

Derweil wird das Essen in einem von zwei Leuten getragenen Topf gereicht.

Es gibt meine „Leibspeise". Losen weißen Reis, um den sich zehn hungrige Mäuler drängen. Darunter ein einzelnes

„Weißbrot". Die Jungs teilen sich noch einen einsamen Fisch, von dem ich aus Höflichkeit nur wenig esse. Anstatt Schnaps gibt es traditionellen bitter-süßen Tee.

Trotz kiloweise Zucker zieht einem das überraschend aufputschende Getränk das Äußere nach Innen.

Das Zeug ist wirkungsvoller als Kaffee, weswegen mir sogar noch zu später Abendstunde im Bett mein Herzschlag in den Ohren rauscht. Erst nachts gegen halb drei gewährt mir das Teein Schlaf.

DIE Gelegenheit für Keule und mich, Spaziergänge in der Dunkelheit zu üben.

Aber muss es gleich so dunkel sein? Die Schwärze der Steinwüste wirkt unendlich weit.

Nachdem ich dem Lausbuben bei meiner Rückkehr ein Paar unrettbar zernagter Turnschuhe abgenommen habe, zieht es uns in die Nacht.

Abermals verbellt er Mülltonnen und große Steine, was er aber nach kaum zweihundert Metern aufgibt. Ich stelle mich jedes Mal, wenn er loslegt, ruhig neben ihn und warte, bis er aufhört zu keifen. Sobald einige Sekunden Ruhe herrscht, lobe ich ihn überschwänglich. Er lernt schnell. Ignoriert zu werden ist für niemanden schön, doch für Keule scheint es die schlimmste aller Strafe zu sein.

Das klappt so gut, dass ich diese Taktik erweitere. Ich wende ihm meinen Rücken zu und gehe weg, sobald er anfängt, eines der bösen „Tonnenmonster" anzubellen. Alles in allem, sowohl für meine Wenigkeit als auch für den aufgeweckten Kastraten ein lehrreicher Ausflug.

Zu Hause eingetroffen dauert es, bis wir zur Ruhe kommen, da er meine Schlaflosigkeit zu spüren scheint.

Er kuschelt sich fest an mich und wir schlafen Arm in Pfote ein, was gar nicht beabsichtigt war, da ich ihn eigentlich in seiner Box nächtigen lassen wollte. Schließlich muss er darin noch fliegen.

NORMALITÄT?

Sonntagmorgen, 6.15 Uhr. Horden von großen und kleinen Füßen trampeln durch das Treppenhaus. Verschlafen betrete ich den Balkon, um zu schauen, was los ist, denn Keule bellt zum ersten Mal aufgeregt in der Wohnung. Ich traue meinen Augen nicht. Es regnet in der Wüste!

In der aufgehenden Frühsonne bildet sich ein Regenbogen. Die komplette Nachbarschaft ist auf den Beinen und drängt auf die Straße. Eigentlich wäre mein nächster Weg zurück ins warme Bettchen gewesen, doch leider beschallen die Jungs aus der Nachbarwohnung den ganzen Straßenzug dröhnend mit kakophonischer Musik.

Beim Morgenkaffee beobachte ich mit dem neugierigen Junghund an meiner Seite das Treiben vor unserer Haustüre. Tische wandern durch Fenster auf den halbfertigen Gehsteig, Stühle werden herbeigeschafft und ein mannshohes Lagerfeuer entzündet.

Es scheint, dass sich die Einheimischen zu einer Festivität zusammenrotten. Was ich nicht ahnen kann, ist, dass diese kleine Party bis in die späten Abendstunden des Folgetages andauern wird.

Die Hinterlassenschaften, vor allem Glasscherben, sammle ich als braver Touri-Hundebesitzer auf und werfe sie in die dafür extra bereitgestellten Container.

Leider ist die Gefährlichkeit für Mensch und Tier, Flaschen in der Wüste zu entsorgen, bei einigen Kapverdianern noch nicht angekommen. Die machen sich vorwiegend Sorgen um ihre Fahrradreifen, weniger um die armen Vierbeiner, weswegen nur die Radwege blitzblank sind. Sie werden unsere bevorzugten Laufstrecken, da Keule das Talent hat, mitten durch die gefährlich glitzernden „Minenfelder" zu latschen. Für den Fall, dass doch etwas passieren sollte, habe ich sowieso immer Desinfektionsmittel und Antibiotikacreme dabei. Uns begegnen genügend Beispiele, die meine Vorsicht rechtfertigen. Viele der Straßenhunde zieren offene, eitrige Wunden an den Pfoten, die unbehandelt tödlich enden können. Für gewöhnlich desinfiziere ich solche Kleinigkeiten sofort, wer weiß, ob man den Vagabunden jemals wieder sieht. Leider lassen viele von Keules Artgenossen keine Hilfe zu. Misstrauisch schnappen sie nach mir oder knurren mich an.

Mein Hund sollte sich auf keinen Fall eine Glasscherbe eintreten. Offene Wunden sind ein „Verhinderungsgrund", für die Einreise nach Europa, was bedeuten würde, dass ich meinen neuen Freund nicht mit nach Hause nehmen kann. Trotz meiner Verletzungsbedenken traue ich mich, den jungen Wauwau an der Schleppleine „frei" laufen zu lassen. Vertrauensvoll kehrt er jedes Mal, wenn ich ihn rufe, zurück. Leider muckt der Frechdachs mir gegenüber, je mehr Selbstvertrauen er gewinnt, desto stärker auf. Regelmäßig stellt sich mir der Racker in den Weg oder kreuzt meinen Laufweg ein, um uns zum Stehenbleiben zu zwingen. Das ist eindeutig Keules Versuch, mich auf seine unnachahmliche, freundliche Art zu dominieren. Es dauert eine geschlagene Stunde, bis ich mich endgültig durchgesetzt habe. Dann trottet er gelassen hinter mir her. Ich fordere dafür wieder und wieder den Raum vor mir ein, ziehe eine geistige Linie, die er nicht überschreiten darf.

Nach gefühlten 500 Wiederholungen klappt es wie am Schnürchen. Er gibt zeitgleich das Verbellen von Joggern, Vögeln und Wellen auf, was mir viele Ermahnungen erspart. Wie doch alles zusammenhängt.....

Was mich besonders freut ist, dass er mir von nun an grundsätzlich den Vortritt lässt.

Um es dem angstgestörten Hund weiter zu erleichtern, begrüße ich verwilderte Rudel von nun an stets zuerst. Keule wagt sich dann in der Deckung meiner Beine von selbst an die Meute heran und verliert somit langsam, aber sicher, seine Scheu vor Artgenossen.

Ich verschmelze durch meine Färbung mit der
Wüste!

Nach mindestens zwei Stunden beständiger Wanderung fährt
ein Ruck durch Keule. Ich erwarte das Schlimmste, will mir
mit einem Hechtsprung schon die Leine greifen.
Wild seinen Kopf hin und her werfend, bringt er mir mit
stolz geschwellter Brust einen mumifizierten, beinahe zur
Gänze getrockneten Fisch. Unser erstes Spielzeug!
Bisher war Keule weder auf quietschende Plastikhühner noch
auf Bälle angesprungen.
Es kostet mich einiges an Überwindung, den Kerl für das
stinkende Meeresgetier zu loben, nur darf ich seine
eindeutige Spielaufforderung jetzt keinesfalls ignorieren. Er
legt den Fisch vor mir ab, tappt mit den Vorderpfoten
aufgeregt in den Sand.
Verhalten werfe ich das verblichene Meerestier auf die Spitze
einer Sanddüne. Als ob er nie etwas anderes gewollt hätte,

prescht Humpelinchen hinterher, apportiert brav, damit er Streicheleinheiten von mir erhält. Leckerlis gibt es dafür nämlich keine! Das wird der Beginn einer intensiven und langwierigen Spieleinheit.

Ich ersetze zeitnah den Fisch durch ein „Dschuggedi", einen quietschenden Ball. Besagter Ball sieht „Mooncake" aus der Serie „Final Space" sehr ähnlich. Daher rührt auch der Name, weil die Filmfigur nur das Wort Dschuggedi in verschiedenen Tonlagen auszusprechen vermag.

Auf das Spielzeug springt Koyla leider nur mäßig an, da er ihn lieber wie eine Maus in ausladenden Hüpfern bejagt. Weil er mir aber fortwährend Müll aller Art anbringt, fällt es uns leicht, alternative Spielobjekte zu finden. Ein leerer Oelkanister hat es ihm besonders angetan.

Jedes Mal, wenn er hineinbeißt, knackt und splittert der sonnengegerbte Kunststoff. Zumindest ist er leer.

Es kostet mich einige Mühe, mein Spielkind davon zu überzeugen, das rissige Plastik zurückzulassen, da wir noch eine Verabredung haben.

Nachdem unsere Wasserreserven, immerhin vier Liter, aufgebraucht sind, besuchen wir Bubal, unsere Bekanntschaft von OSPA. Der hat drei Hunde, die Keule kläffend begrüßen. Darunter ist Karamela, eine dominante Hundedame. In ihrer Gegenwart entspannt sich Koyla umgehend, was es mir erleichtert, dem müden Rüden einen Platz zuzuweisen, auf dem er ein wenig ruhen kann. Es dauert leider eine gefühlte Ewigkeit, bis er die weiß gefliste Terrasse betritt.

Die Männergruppe vom Vorabend sitzt herum, es dröhnt 2Pac aus überdimensionierten Lautsprechern, dazu läuft stumm ein Jackie Chan-Film.

Lecker Plastik! Njamnjam!

Wir bleiben nur kurz. Die Geräuschkulisse macht sogar mich wahnsinnig und ich bin kein hypersensorisch begabtes feinfühliges Lebewesen wie Keule. Der umgehend gereichte Anstandstee muss aber sein, das gebietet die Höflichkeit. Mein anfänglicher Plan, Keule ruhen zu lassen, bleibt ein Wunschtraum. Sobald mein Hündchen mit Leib und Seele angekommen ist, stimmt er mit Freude in das Gebell der Wachhunde ein. Er wirkt souverän wie nie zuvor.

Für meine Begriffe unnatürlich schnell gliedert er sich in das bereits etablierte Rudel ein, obwohl er regelmäßig zu mir zurückkehrt, um sich meiner zu versichern.

Der Kleine entwickelt Eifersuchtsallüren gegenüber anderen Hunden, was mich zufrieden schmunzeln lässt.

Es fühlt sich an, als ob dieser Hund schon immer an meine Seite gehören würde.

Der miserablen Soundkulisse ist es geschuldet, dass ich die Flucht ergreife. Denn die unangebrachte Verherrlichung von „Dirty Bitches", die ich „rape", kann ich mir getrost sparen. Während wir etwas unsicher, wohin wir gehen sollen, um die Häuser ziehen, fällt mir auf, dass es auf der gesamten Insel nur Produkte von zwei Marken zu kaufen gibt. Meine neuen Freunde haben also nicht gelogen, als sie behaupteten, sie seien „Opfer".

Mehrere zigtausend Menschen fest in der Hand zweier Großkonzerne, die die Nahrungsmittelpreise diktieren! Immer mehr verstehe ich die verzweifelte Situation der Einheimischen.

Das Geld der Touristen bringt zwar Arbeit, doch verteuern sich Wohnraum und Lebensmittel zunehmend.

Vom Wichtigsten gar nicht zu sprechen. 23 Euro kostet der Kubikmeter Wasser. Je nach Versorgungslage, also abhängig vom Ort, an dem man wohnt, sogar bis zu 50 Euro.

Ohne es zu merken, stoßen wir auf den Hauptplatz Santa Marias vor. Wenn wir es hier zwischen spielenden Kindern, Betrunkenen, knatternden Quads und Horden von Straßenhunden zusammen schaffen, kann uns auch der Verkehr in Europa nicht mehr schockieren.

Die Regenparty ist nämlich weiterhin in vollem Gange. Der Trubel ist uns zu viel, weswegen wir eine ruhige Ecke für unser gemeinsames Mittagessen suchen. Koyla bringt schon wieder mit Ketchup verschmierte Pappdeckel und leere Bierflaschen an, wodurch er mir mitteilen will, dass er Hunger hat. Durch Zufall gerate ich dadurch an die Gründerin der Tierauffangstation OSPA.

Sie betreibt mit ihrem Mann ein Restaurant. Auf der Eingangstüre steht: „Dogs Welcome!"

Das lasse ich mir nicht zweimal sagen. Ich wundere mich noch, dass mein Hund sich derart überschwänglich freut, und dann kennt die Herrin des Hauses im gesetzten Alter auch noch seinen Namen.

Die Dame ist ein sehr umtriebiger Mensch, der von sich selbst als „typische Kandidatin für einen Herzkasper" spricht. In schnellem Portugiesisch delegiert „Dada" ihre Angestellten, telefoniert zeitgleich mit ihrem Büro, bis sie erschöpft auf den Stuhl an meiner Seite sinkt. Sofort wird sie geschäftlich. Ob ich schon seine Papiere hätte, von wo aus ich zum Flughafen starte, und „WO ZUR HÖLLE IHR KAFFEE BLEIBT!"

Eine selbstbewusste, starke Persönlichkeit, der man nicht in die Quere kommen will. Sie schimpft einige Touristen, ihre eigenen Gäste wohl bemerkt, die ihre Hunde mit Schokoladeneis füttern.

Die gute Frau ist mit Leib und Seele Tierschützerin. Dada hinterlässt nicht nur bei mir einen bleibenden Eindruck, was einer der Hauptgründe ist, dass Keule zu jeder Gelegenheit bei ihr einkehrt.

Er watschelt schnurstracks in ihr Restaurant, greift ein Leckerli ab und weigert sich anschließend zu gehen.

Das zieht er jedes Mal, wenn wir vorbeilaufen, ab. Zum Sonnenuntergang heißt es aber trotzdem Abschied nehmen. Wir trennen uns herzlich von Dada mit vielen Küsschen und großem Tamtam, dann verabreden wir uns für den kommenden Tag zum Mittagessen. Auf dem Heimweg, im herrlichsten „golden sunset" dieser Woche, begegnet uns eine aufgeweckte Hündin in Keules Alters- und Gewichtsklasse. Beide spielen ausgelassen. Ich habe den Verdacht, dass es sich um nahe Verwandtschaft handelt, denn sie sehen sich zum Verwechseln ähnlich.

Das Spiel artet aus. Immer wieder stolpert mein Hübscher über sich selbst und fällt hin. Sie nervt Keule, der völlig außer Atem im Sand hechelt, bis ins Mark, zieht an seinen Ohren und beißt auffordernd in seinen Schwanz.

Ausruhen im Kaffee Columbus!

Der Junghund ist vollkommen erledigt und kann einfach nicht mehr rennen. Die aufdringliche Hündin zwingt mich einzugreifen und den erschöpften Rüden vor ihrer ungestümen Art in Schutz zu nehmen. Als die Kleine endlich eingefangen ist, nehme ich sie näher in Augenschein.

Das Schlappohr sieht gut aus! Kein Dreck in den Ohren, kaum Bisswunden. Sie scheint sogar schwanger zu sein. Vermutlich hat sie einen Besitzer, der sich um sie kümmert, obwohl sie kein Halsband trägt, was eigentlich das Zeichen für einen Menschen an ihrer Seite wäre. Sie verschmäht weder mein dargebotenes Futter noch einen Schluck Wasser. Der Traum von Arbeitshund begleitet uns den ganzen restlichen Abend.
Es bricht mir das Herz, den zierlichen Engel vor der Haustüre zurückzulassen, aber würde ich mich hier um jeden dahergelaufenen Hund kümmern, müsste ich umgehend eine

Tierauffangstation gründen. Da helfe ich lieber OSPA, der bestehenden.

Die Hündin sah nicht aus, als würde sie verhungern. Zehn Minuten später beobachte ich vom Balkon aus, wie Keules Freundin mit Hingabe im Müll wühlt.

Vorher begegnet uns aber mein lieber Nachbarino. Unser direkter Nachbar mit dem vielsagenden Spitznamen „Big-Boy", der es wirklich gut mit meinem neuen Haustier meint, wartet am oberen Treppenaufgang auf uns. Ich bin richtig stolz auf Keule, denn er erklimmt nicht nur die Treppen, sondern begrüßt auch den afrikanischen Herrn.

Ich freue mich wirklich, da mein Bub sich gegenüber den einheimischen Männern zu öffnen scheint. Bubal sagte immer, Keule sei ein Rassist, da er nur Weiße mag. Die plötzliche hündische Zuneigung könnte vielleicht auch daran liegen, dass der Afrikaner eine Dose mit Hühnchenpaste in der Hand hält.

Er verfüttert die komplette Portion an meinen Hund. Bereits da zweifle ich, ob das eine gute Idee war. Glücklicherweise ist Keules Verdauungssystem wie eine Schleuse. Man packt Zutat A oben rein und spätestens sechs Stunden später kommt Antwort B unten wieder raus.

In diesem Fall Montezumas Rache, die mir die halbe Nacht stiehlt. Nicht nur das wehende Lüftli aus Keules Hinterteil raubt mir Schlaf und Atem, sondern auch sein aufgeregtes Scharren, wenn er dringend muss. Im Stundenrhythmus marschiere ich deshalb mit „El Flatula" zum Meer und wieder zurück. Merke, Glutamat und eine große Anzahl von E-Stoffen sind überhaupt NICHTS für mein Baby.

In meinem Reisetagebuch habe ich es so formuliert: „Eigentlich stammt das Wort Fäule aus der Mischung aus Furz und Keule, nur weiß das noch keiner."

JA WO IST DENN DIE LEINE HIN?

„Das Frühstück entfällt nicht!" Keule schaut mich entgeistert an. Obwohl er sein Halsband bereits trägt, die Türe offen steht und der Weg nach draußen frei ist, rührt er sich nicht. Alternativ biete ich ihm Magenmedizin. Die frisst er zwar, aber trotzdem bettelt er wieder um Essen.

Derart hungrig kann ich ihn nicht vor die Haustüre lassen. Er würde allen Mist auflesen, der ihm zwischen die Zähne kommt. Wie gesagt, seine Verdauung kann so einiges ab, aber wenn der Straßenhund wirklich in ihm durchschlagen würde, habe ich so meine Bedenken, dass er mir weiterhin folgt. Da wir den ganzen Tag unterwegs sein werden, teile ich sein Essen auf vier Portionen.

Lieber weniger und öfters. Das ist verträglicher und hilft den Magen zu schonen, was ich von mir selbst nur zu gut kenne. Er atmet die halbe Hand „Schonkost" in Windeseile ein und verlangt winselnd nach mehr. Instinktiv beanspruche ich in Hundemanier den gesamten Futtersack für mich.

Ich werfe ihn auf den Boden und lege mich drauf. Wirklich darüber nachgedacht, was ich da veranstalte, habe ich nicht, doch offensichtlich hat es funktioniert. Keule versucht nicht einmal zu betteln und hat anscheinend verstanden, dass es jetzt unumstößlich kein Futter mehr gibt.

Das ist keine Herzlosigkeit meinerseits, sondern wahre Liebe. Einem Schutzbefohlenen mit Durchfall in vollem Bewusstsein zu viel Futter reinzuschieben, nur weil derjenige das gerade gerne hätte, gleicht schon Tierquälerei. Zumindest sind wir nun gewappnet für den Tag.

Die Strecke zur Tierauffangstation, die ich alleine in weniger als zwei Stunden zurückgelegt hatte, versuche ich mit Keule zu gehen: die Luftlinie von unserem Appartement zu OSPA, quer über die Insel. Zum Glück habe ich mich für den großen Kanister Wasser entschieden, denn mir unterläuft ein entscheidender Fehler. Keule ist lang nicht so fit wie ich gehofft hatte.

Und der Umstand, dass die Sonne unbarmherzig niederknallt, bereitet Koyla zusätzlichen Stress, weshalb wir nur im Schneckentempo vorankommen.

Mir dämmert, dass wir doch lieber ein Taxi hätten nehmen sollen. Bei meiner ersten Wanderung war es mir nur am Rande aufgefallen: In diesem Teil der Wüste sind die Spuren menschlicher Präsenz unübersehbar. Ausgeschlachtete Autos, Bauruinen und eine unbezähmbare Natur, die sich all das wieder zurückholt, säumen unseren Weg.

Wann sind wir endlich da? Mir ist so heiß!

Beim Durchqueren einer ausufernden Müllhalde muss ich Keule an die kurze Leine nehmen, denn alle paar Meter sitzen Menschen zu dieser frühen Stunde in der Landschaft. Ich wundere mich noch, was die da machen, da schnüffelt

62

Keule bereits am ersten dunkelbraunen Haufen, eindeutig humanen Ursprungs. Für mich ersichtlich am Klopapier, das der Wind halb im Sand eingegraben hat. Nach zwei Stunden ist gerade mal die Hälfte der Strecke geschafft. Dem Hund zuliebe kürze ich durch eine Anlage zur Gewinnung von Speisesalz ab. Felder aus weißen Kristallen, soweit das Auge reicht. Was ich einzukalkulieren vergesse, ist, dass der Boden gerne mal nachgibt.

Wir brechen im Fünfminutentakt krachend in die Salinen ein und erwehren uns nebenbei der sengenden Hitze der auslaufenden Westsahara. Keule ist da schon fertig mit der Welt. Er trottet in meinem Schatten, ohne aufzublicken oder voraus zu wollen.

Er hat sich seinem Schicksal ergeben. Viel zu schnell leert sich die fünf Liter messende Flüssigkeitsreserve. Keules Zunge schleift fast am Boden, obwohl ich ihm regelmäßig Wasser reiche. Eine neue Kühl-Taktik muss her. Zunächst reagiert der junge Hund skeptisch, dann freudig erregt, als ich ihm sein Gesicht mit Wasser benetze. Er scheint wirklich drauf zu stehen.

Während einer diese Pausen klingelt mitten im Nirgendwo mein Handy. Bubal ist am anderen Ende der Leitung. „Wo bleibst du? Wir müssen zum Flughafen. Das Büro schließt in zwei Stunden!" Die Tierauffangstation ist in der Ferne längst in Sicht. Doch Entfernungen und Strecken täuschen in der flirrenden Hitze der Wüste.

Ich dachte wirklich, ich sei „gleich da", benötige aber noch beinahe eine volle Stunde, was auch daran liegen mag, dass Keule die Puste ausgeht. Er wird immer langsamer, bleibt schließlich ganz stehen und weigert sich weiterzulaufen. Notgedrungen packe ich mir den Vierbeiner, gleich einem hechelnden Schal, über die Schultern, damit die restliche Strecke zu Keules Schutz im Laufschritt überwunden werden kann. Mein Kleiner hat definitiv genug Sonne abbekommen für einen Tag. Eigentlich wollte ich OSPA besuchen, um zu helfen und ein neues Gehege zu bauen, doch sollte man hierzulande keine eigenen Pläne machen. Als wir eintreffen, kommt alles ganz anders.

Die schwere Eingangstüre steht sperrangelweit offen, ein halbes Dutzend Hunde bekläfft und beobachtet neugierig unsere Ankunft.
Auf einem, mit laufendem Motor abgestellten Pick-Up, stehen zwei Hundeboxen. Sid und Flick befinden sich darin. Die beiden Vierbeiner sollen morgen nach Europa vermittelt werden. Dafür müssen die zwei Glücklichen durch ein weiteres veterinärmedizinisches Gutachten beim Amt für Ernährung und Wildtiere, das seinen Sitz am Flughafen hat. Wir packen die Gelegenheit beim Schopf und fahren mit, da Keule besagtes Gutachten auch benötigt. Ein Fehler, wie sich herausstellen soll.
Die ganze Fahrt über gehe ich mit schlechtem Gewissen davon aus, dass sich der Fahrer wegen meiner Verspätung tödlich beeilen müsse.
Ganz im Gegenteil. Die lange Wartezeit liegt am Tierarzt, der die nötigen Papiere noch nicht ausgefüllt hatte, weswegen wir jetzt trotz vehementen Zeitdrucks in die falsche Richtung zur Tierklinik rasen.
In einem Affenzahn durchqueren wir ununterbrochen hupend Santa Maria, trotz Geschwindigkeitsschwellen und zahlreichen Hindernissen wie Passanten oder Baustellen. Sowohl die ungesicherten Boxen als auch Keule und mich wirft es in den Kurven haltlos von links nach rechts. Meine Beine sind beim Absteigen so weich wie Pudding. Dann kommt die große Enttäuschung. „Der zuständige Veterinär ist noch nicht aus der Mittagspause zurück". Dies gibt mir die Gelegenheit, ein wenig über Keules Vergangenheit zu forschen.
Eine nette Ärztin erklärt mir gelassen mit einer dicken Krankenakte in der Hand Keules Klinikgeschichte.
Die junge Dame erzählt von seiner langen Zeit im Krankenstand, der schrittweisen Genesung von der Räude

und den ausgezeichnet verheilten Knochenbrüchen.

Mitten in diesem aufschlussreichen Gespräch quäkt ein altbekanntes Geräuschvor der Haustüre. Unser Fahrer fordert lautstark hupend, dass wir zurückkehren

Abermals muss ich mit allen Hunden auf die Ladefläche des Pickups. In drängender Eile geht es zum Flughafen. Der Hobby-Rallyefahrer, wie ich später erfahre, holt mit Vollgas aus dem alten Toyota heraus, was der Motor hergibt. Uns schleudert es bei jedem Kreisverkehr herum und die Boxen, in denen Flick und Sid warten, fallen mehrmals beinahe um. Gerade noch bekomme ich sie zu fassen.

Im Amt, das bereits geschlossen hat, wartet ein introvertierter Beamter, der für ein wenig extra Bakshisch den Papierkram erledigt. Er spricht kaum ein Wort und stempelt missmutig die Dokumente.

Bubal bittet mich um ein wenig Bestechungsgeld. Meine gesamten Währungsreserven des lokalen Geldes sind weg. Als ich nachhake, wofür genau das Geld sei, wird schnell klar, dass das Flughafenpersonal Hunde in ihren Boxen nicht immer gut behandelt. Ist ja schließlich nur Fracht. Einige stehlen das in Flaschen bereitgestellte Wasser oder treten die Kleingehege mit ihren Füßen zum Bestimmungsort.

Ein Machtwort zu sprechen ist hier wohl dringend nötig. Immer schlechter wird meine Laune im Gespräch mit den Angestellten. Schnell wird klar, dass vom „Fußvolk" keine Einsicht zu erwarten sein wird. Letztendlich wende ich mich an die Leitung. Dort schlägt mir zunächst völliges Desinteresse entgegen.

Vielleicht ein klein wenig zu laut erkläre ich dem Herrn in Anzug und Krawatte, dass Hunde Lebewesen sind.

Wir Europäer investieren viel Zeit, Geld und Ressourcen, um den Tieren ein besseres Leben zu bieten, da kann er meine Beschwerde nicht einfach abwinken. Langsam, aber sicher, sickert bei dem angegrauten Mittvierziger durch, dass auch ein Herr Vogt aus Augsburg ihm Probleme bereiten kann. An seiner Tastatur wird meinerseits demonstriert, was gemeint ist. Ich haue darauf herum. Ob es ihm gefällt, dass man seine Sachen so behandelt? Wenn er weiter darauf beharrt, dass Tiere „Fracht" sind, behandle ich seine Sachen so wie seine Angestellten meine behandeln. Er wirkt hilflos und perplex. Es bereitet mir eine gewisse Genugtuung, ihm den Marsch zu blasen. Zornig notiere ich mir Namen, Adresse und Personalnummer des Herrn., „ Ich werde mich heute noch bei der Botschaft beschweren.", ist meine definitiv letzte, aber leider leere Drohung. Ein klassischer Bluff.

Plötzlich knickt er ein. Huldvoll öffnet der Anzugträger mir die Türe und begleitet mich zum Hangar für Sperrgepäck. Dort versammelt der „Boss" seine Mitarbeiter. Man kann nur hoffen, dass meine kleine Ansprache etwas bewirkt hat. Die Anspannung fällt leider erst nach und nach von mir ab. Letztendlich verlasse ich aber das Flughafengebäude aber mit einem strahlenden, triumphierenden Lächeln. Der Sicherheitsbeamte, der mich die ganze Zeit über begleitet hatte, klopft mir anerkennend auf die Schulter. Ich sei, wie auf meinem Shirt, ein wahrer Super-Sayajin so wie Son Goku. Streicheleinheiten für mein Ego. Die Aktion hätte auch schief gehen und ich in einem capverdianischen Knast landen können.

Am Abend erzähle ich die Geschichte meinem Freund Bubal, der mir daraufhin die seines Großvaters farbenfroh ausschmückt. Ein schlauer Mann sei der gewesen, hätte nie ein Krankenhaus besucht und sich immer selbst geheilt. 95 Jahre wurde er alt. Er traute Ärzten nicht. Die meisten seien unfähig. Darum ging es Bubal aber nicht. Sein Opa hatte ein Sprichwort. Leider klingt es auf Deutsch lang nicht so gut wie auf Englisch. Er sagte: „Mein Sohn, wenn du einen Weißen mit Klemmbrett, Papier und Stift siehst, weißt du, da ist verdammt nochmal etwas nicht in Ordnung!" Schalkhaft meint er, dass der Headmanager des Flughafens wohl auch seine Erfahrungen mit weißen Klemmbretträgern hätte.

Am Flughafen habe ich ein ausgiebiges
Nickerchen gemacht!

Gut gelaunt kehren wir nach Santa Maria zurück. Keule hatte
auf dem Pickup ein ausgiebiges Nickerchen gemacht. An der
Tierauffangstation angekommen, herrscht unglaubliche

Aufregung.

Ein Kleinbus mit Touristen sucht gerade OSPA heim. Eine künstlich riechende Parfümwolke infernalischen Ausmaßes umwabert die Reisegruppe englischer Rentnerinnen. Selbst der abgestumpfteste Vierbeiner würde die illustre Truppe auf Kilometer Entfernung noch riechen.

Aus den in Reih und Glied stehenden Zwingern erklingen Laute der tierischen Neugier.

Es quietscht und bellt, etliche Welpen umschwänzeln die Neuankömmlinge, was bei der vorwiegend weiblichen Reisegruppe ehrliche Entzückung hervorruft. Selbst Koyla wittert aufgeregt, wer da angekommen ist.

Während wir die Boxen entladen, stürzen sich sogleich zwei stark geschminkte „Ladies" auf meinen überforderten Junghund, der noch an der Leine hängt. Der reagiert, gelinde gesagt, zurückhaltend, wenn nicht gar panisch, was sich dadurch zeigt, dass er sich mit seinem Halsband fast selbst erwürgt. Sobald wir die streichelwütigen Herrschaften bemerken, „befreit" Bubal den armen Buben von der lästigen Mensch-Hund Verbindung. Der Kleine flüchtet sich sofort in meine Arme.

An meiner Seite wirkt Koyla plötzlich selbstbewusst und fordert endlich auch gegenüber den anderen Hunden seinen Raum ein. Nach getaner Arbeit chillt er dann in meiner Nähe, solange ich die zusammengebrochenen Bänke am Eingang repariere. Irgendwann drängt mich aber der Hunger in Richtung Zivilisation.

Wir haben Glück. Ganz umsonst nimmt uns ein netter Herr ins Stadtzentrum zurück. Ohne nochmals nach Hause zu gehen, nisten wir uns längerfristig im „Restaurant Columbus" ein.

Wie erwartet, verschmäht Keule das angebotene stark gewürzte Burgerfleisch, das ich ihm probehalber unter die Nase halte. Selbstverständlich warte ich eine halbe Stunde, bis ich ihm nach meiner Mahlzeit etwas anbiete, so dass er gar nicht auf die Idee kommt, zu schnorren oder zu betteln, wenn wir zu Tisch sind.

Das macht er auch ganz brav. Den heruntergefallenen Pommes einer Truppe feierwütiger Engländer kann der freche Jüngling trotzdem nicht widerstehen.

Keine zehn Sekunden, nachdem die Horde Volltrunkener gegangen war, schnappt sich der findige Rüde ein halbes Maul voll leckersten Fastfoods. „Wieso verschwenden, wenn es herumliegt?"

So schnell kann man nicht reagieren, dass man einem ehemaligen Straßenhund diese Gelegenheit verbietet, zumal er diese Futterquelle längst gescannt hatte - ganz im Gegensatz zu mir, der sie nicht einmal bemerkte. Erst der kauende Hund offenbart mir meine Unzulänglichkeit. Zutiefst befriedigt erklimmt mein Hund nach seinem Pommes-Coup eine Bank, um die nächste Stunde zu ratzen. Frisch erwacht, zeigt Keule zum ersten Mal Ambitionen, in das allgegenwärtige Reviergebell, das ein Rudel Straßenhunde anstimmt, einzufallen. Genötigt, einzugreifen, um diese Verhaltensunart von Anfang an zu unterbinden, gebe ich ihm sein Abendessen. Abgelenkt vom Futter sind ihm die streunenden Kläffer herzlich egal.

Satt und zufrieden ziehen wir an den Strand um. Da passiert es. Die Leine ist weg! Selbst nach intensiver Suche ist sie nirgends aufzutreiben. Ich habe deswegen ein ziemlich mulmiges Gefühl in der Magengegend, da unsere Mensch-Hund Beziehung erst eine zarte, sich entfaltende Blume ist. Ich frage mich ernsthaft, ob Keule mir anstandslos folgen wird? Als die Sonne untergeht, deutlich früher als geplant, marschieren wir stramm zurück zu unserem Appartement. Ich wäre gerne daheim, bevor es zappenduster wird und die wilden Hunde die Straßen übernehmen.

Keules Angstzustände verstärken sich nämlich in der Dunkelheit.

Unglücklicherweise macht mir der Verlust der Leine einen

Strich durch meine geplante Abendgestaltung. Eigentlich wollte ich mit Freunden noch einen „Drink" nehmen. Wir hinterlassen als Entschuldigung einen Zettel für Bubal, damit er weiß, dass wir erschlagen sind und uns zu Bett begeben. Die Hündin Karamela schließt sich Koyla an, da unser Freund noch nicht zu Hause ist.

Wir sind jetzt ein richtig echtes Rudel, was Keule unendlich genießt. Karamela sichert nach vorne, ich zu allen anderen Seiten. Er bewegt sich locker mit erhobenem Schwänzchen und ohne Panikkreisel. Immer wieder nutze ich die Hündin, um ihm die Ungefährlichkeit von Mülltonnen und anderen statischen Objekten zu demonstrieren. Dinge, die ich denke nicht absichern zu müssen, wie parkende Autos oder Laternenpfosten, sieht er als Bedrohung.

Auf direktem Weg nach Hause eilen wir daher durch das in der Dämmerung versinkende Santa Maria. Sonst die Ruhe selbst, quält mich heute aus unerfindlichen Gründen eine Sorge: Verfällt Keule in Panik, was dazu führt, dass er wegläuft? Ich bin mir sicher, dass der aufmerksame Hund die Unsicherheit, die ich ausstrahle, ohne ihn an der Leine zu haben, ganz genau spürt. Doch bis auf einen kurzen Jagdausflug hinter einer im Wind wehenden Plastiktüte her gibt es glücklicherweise keinen nennenswerten Zwischenfall. Doch dieser eine Zwischenfall hat gereicht, mir das Herz in die Hose rutschen zu lassen. Unverhofft bricht mir der Angstschweiß aus allen Poren. Als beide Hunde zufrieden mit Plastikfetzen im Maul zu mir zurückkehren, lobe ich sie überschwänglich.

Mir fällt ein riesengroßer Stein vom Herzen, als wir vollzählig vor unserer Haustüre stehen.

Die hübsche Karamela bekommt als Dankeschön für ihre Hilfe noch einen dicken Ochsenziemer. Die schlaue Hundedame findet, wie ich aus sicherer Quelle weiß, von selbst nach Hause. Damit mein aufgekratztes Hündchen von all der Aufregung runterkommt, erhält es einen Kaustängel. Den verschlingt es in Windeseile, als ob es nie wieder etwas zu fressen gäbe.

So aufgeweckt-freudig habe ich Keule noch nie erlebt.

Während ich schreibe, will der Frechdachs mir in einem Anfall von „Anschleichen und Liebhaben", meine Füße ablecken. Der Kaustängel hat den Quatschkopf nicht im mindesten beruhigt, denn trotz harscher Ermahnung gibt er nicht auf, meine Zehen anzuknabbern.

Meine Lösung ist der Schneidersitz, so kommt er nicht an das Objekt seiner Begierde heran, doch da habe ich die Rechnung ohne den Wirt gemacht. Koyla nervt einfach auf eine andere nicht zu übersehende Art, indem der Sauhund die Kissen vom Sofa räumt, in meiner Bettdecke herumwühlt und den Müll umwirft. Wider besseres Wissen gebe ich nach und lasse mich auf eine wilde Spieleinheit ein, was zur Folge hat, dass ich irgendwann vor dem überdrehten Youngster einschlafe. Letztendlich kostet mich diese Schwäche ein Paar Turnschuhe, die er still und heimlich zerkaut.

71

Ich zerstöre Alles! Kissen, Turnschuhe, und Kabel!

TOURI TOURI DU MUSST WANDERN...

Wir stehen früh auf, sehr früh. Wie selbstverständlich bewegen wir uns im Sonnenaufgang durch die Straßen. Nach einer kurzen Kaffeepause, samt Hundeparty bei Bubal, gehen wir getrennte Wege.

In seiner Funktion als Organisator für tierische Auslandsreisen bringt der junge Mann zwei Hündchen zum Flughafen. Sie erwartet ein neues Leben in Europa.

Ich kann um ihretwillen nur hoffen, dass mein Anschiss des Flughafenpersonals etwas bewirkt hat. Mein neuer Freund lädt mich zwar ein mitzukommen, doch lehne ich dankend ab, da ich keine Lust auf eine weitere afrikanische Pickup-Rallye habe.

Meine Ausrede ist, dass ich es gerne wagen würde, Keule in die Wirklichkeit der Tourismusindustrie mitzunehmen. Der wahre Grund ist aber, dass mein knochiges Hinterteil immer noch schmerzt, was am wilden Ritt auf der harten Ladefläche des Vortages liegt.

Unser „kurzer" Rundgang wird zu einem ausgedehnten Ausflug. Durch Keules gestiegenes Vertrauen in mich gewinnt er an Selbstsicherheit. Endlich kann ich meinem Hündchen die Möglichkeit bieten, frei und ohne Leine mit Artgenossen zu spielen.

Wir treffen einen bulligen unkastrierten Rüden, den Koyla aufrichtig zu lieben scheint.

Als dem Herrn des Strandes folgen unserer neuen Bekanntschaft etliche andere Vierbeiner.

Eine echte Hundemeute, die sich uns erstaunlicherweise anschließt. Vielleicht, weil sie vorab von unserem Frischwasser und unseren Leckerlis profitiert hat?

Die vielen Vierbeiner halten mich nicht davon ab, meinen Plan zu verfolgen und weiter in die Touristentempel der besser Betuchten vorzudringen. Wir arbeiten uns durch piekfeine amerikanische Hotels, benannt nach verschiedenen Präsidenten der Moderne wie Clinton und Trump. Grüne Oasen, die, bewässert mit teurem Trinkwasser, ein Schlag ins Gesicht der Einheimischen sind. Es geht vorbei an halbherzig gesicherten Botschaftsunterkünften, durch eine Tauchschule wieder an den Strand.

Den Sicherheitsleuten der Hotelanlagen passt es leider überhaupt nicht, dass wir ihr „Territorium" kreuzen, doch was wollen sie machen? Mehr als aus ihren sicheren Häuschen heraus zu schimpfen können sie nicht, denn zwischenzeitlich toben ein Dutzend und mehr Vierbeiner um mich herum. Keiner der Securities bringt den Schneid auf, mich direkt anzusprechen oder aufzuhalten. Mein Hündchen dagegen hat sichtlich Spaß. Nach einer Weile macht ihm leider seine „Behinderung" zu schaffen. Sein Humpeln ist schlimmer denn je. Er würde zwar gerne weitertoben, spielen und die neu gewonnene Empathie gegenüber Artgenossen auskosten, doch fällt ihm selbst lockeres Traben zunehmend schwer.
Mit den Hinterläufen knickt er mehrmals weg, weswegen er in immer kürzer werdenden Abständen getragen werden muss. Unglücklicherweise bedeutet es für Koyla, auch wegen seiner fehlenden Fitness, endgültig den Rückzug anzutreten. Weil die anderen einfach nicht von ihm lassen können, muss ich meinen Schützling sogar an die Leine nehmen. Das Rudel sieht schnell ein, dass nun Schluss ist und verlässt uns nach einigen hundert Metern. Einzig eine zierliche, erschreckend magere Hündin bleibt uns erhalten. Die Kleine sieht Keule zum Verwechseln ähnlich. Ich schätze das Alter des „Beinahe-Zwillings" meines Hündchens aufgrund der Welpenzähnchen auf maximal zehn Monate.

Die Kleine nervt mich!!!

Als ich sie näher in Augenschein nehme, gruselt es mich. Ihr stechen die Rippen hervor, sie blutet sowohl an den Ohren als auch aus einer eitrigen Wunde am Hals.
Es reut mich, kein Desinfektionsmittel mehr zu haben. Dass

ich sie stattdessen notdürftig mit sauberem Wasser verarzte, lässt sie erstaunlicherweise in vollkommenem Gleichmut über sich ergehen. Als ich ihr aber Keules restliches Futter sowie frisches, kaltes Nass aus der Flasche reiche, kennt ihre Liebe keine Grenzen mehr. Sie folgt uns von nun an auf Schritt und Tritt, sehr zum Vergnügen meines müden Helden. Ob er die Kleine aus Sympathie, Mitleid oder Rudelinstinkt so schnell lieb gewonnen hat, wage ich nur zu erahnen. Ist sie vielleicht ein weiteres Schwesterchen?

Jedenfalls bemuttert mein Bübele die Kleine und leckt ihr das Blut sowohl von den Ohren als auch aus dem Gesicht. In mir reift ein Plan heran. Sollten wir es schaffen, ohne die junge Hündin zu verlieren, bis zu Bubal vorzudringen, würde er ihr bestimmt eine neue Heimat organisieren. Bis dahin ist es leider noch ein gutes Stück Fußmarsch. Auf halbem Weg zwingt mich zu meiner Verblüffung das eigene Humpeltier, eine längere Rast einzulegen. Koyla lässt sich nahe unserem Stammplatz am Restaurant Columbus einfach in den Sand fallen und pennt weg. Der Möchtegern-Rüde schläft tief und fest, wohingegen seine neue, putzmuntere Gefährtin beginnt, die umliegenden Futterstellen abzuasseln.

Anstatt das Gefundene selbst zu fressen, bringt sie mir die Hinterlassenschaften der Touristen. Hauptsächlich mit Sand, Kippen und Ketchup verklebte Pommespappteller, sowie leere Konservendosen und halbvolle Bierflaschen. Mir graust es beim Anblick dessen, wovon sich die verwilderten Vierbeiner ernähren müssen.

Als Keule erwacht, reiche ich ihm sofort einen extra dicken Kaustängel, damit er Ruhe gibt.
Er soll mir bei der kommenden, diffizilen Aufgabe nicht auf die Nerven gehen.
Die Wunde oberhalb der Kehle des Hundemädels sieht ekelhaft aus und müsste regelmäßig gereinigt werde. Dafür muss die Arme auf der Seite liegen und ruhig verharren, sonst geht das schöne Wasser daneben. Unglücklicherweise

gelingt das mit dem „Ruhig Bleiben" nur bei jedem vierten Versuch. Alle paar Minuten dasselbe frustrierende Prozedere: Die offenen, nässenden Stellen am Hals und an den Ohren unserer Begleiterin starren wieder vor Dreck, da sie sich nach der Reinigung sofort im Sand wälzt. Das schiebe ich, in einem Anfall von Selbsttäuschung, den vielen Zecken in die Schuhe, die ihr anhaften, wobei ich nur hoffen kann, dass sie kein Flohtaxi ist. Es mag sein, dass mir bei dieser filigranen Tätigkeit der ein oder andere Fluch entfährt, auch dann, wenn wir beobachtet werden.

Als eine ältere Dame in Rüschenbikini und passender Hochsteckfrisur von ihrem Liegestuhl aus sieht, wie ich zum wiederholten Male, der Verzweiflung nahe, versuche, das Loch am Hals unserer neuen Freundin mit Wasser zu spülen, winkt sie mich heran.

Sie drückt mir wortlos einen gläsern klimpernden Jutebeutel in die Hand. Ich kann es kaum fassen: Die gute Frau überlässt uns ihr Strand-Medizinbeutelchen.

Das menschliche Herz ist oftmals zu Großem fähig, erkennt es das Gute in anderen. Solch kleine Gesten geben mir meinen Glauben an die Menschheit zurück.

Da ich durch diese edle Gabe nun neues Desinfektionsmittel und sogar ein Sprühpflaster an Land gezogen habe, kann ich endlich vernünftig zur Tat schreiten.

Das heißt, die Wunde zuerst gründlich zu reinigen, anschließend zu desinfizieren, gleichzeitig aufzupassen, dass der Wildfang durch den plötzlichen Schmerz des Antiseptikums nicht Reißaus nimmt, um dann ein „Western-Standart-High-End-Pflaster" aufzubringen.

Etwas eigentlich Selbstverständliches wie ein Sprühpflaster bekommt in solch einer Situation einen ganz anderen Stellenwert. Nun können wir endlich weitergehen. Die zierliche Hündin nimmt mir ihre „medizinische Behandlung" nicht übel, was sie dadurch beweist, dass sie uns anstandslos bis Bubals Appartement folgt.

Dort werden wir mit schallendem Gelächter begrüßt. „Hahahaha... Der Deutsche hat jetzt zwei Hunde!"

Ähnlich wie Koyla wenige Tage zuvor tut sich unsere neue Begleiterin zunächst sehr schwer mit dem weißen Fliesenboden, gleich einem Kind, das man zum ersten Mal ohne Hilfe in Schlittschuhen aufs Eis schickt. Die Ärmste rutscht und schlittert herum, immerhin ohne hinzuzufallen, womit sie Keule bereits zehn Schritte voraus ist. Erst auf dem Fußabstreifer vor der Terrassentüre kommt sie heftig atmend zum Stehen. Während der Neuzugang gierig frisst, zu meinem Erstaunen fast ein halbes Kilo Welpenfutter, entfaltet sich ein tiefgründiges Gespräch über Bubals Heimat. Ich begreife erst jetzt diverse kulturelle Spannungen im Umgang mit uns Touristen.
Allein dieses ewige „Nacktsein" am Strand, was für viele Ältere einen Affront darstellt, gerade zu Zeiten des Gebetes oder hoher religiöser Feiertage! Ich will nicht weiter ins Detail gehen, nur einige Stichworte in den Raum werfen, die Ihnen einen Rahmen zum Spekulieren bieten:
Impfungen; Vodoo; Polio im Kindesalter; Lynchjustiz; teure, leistungsorientierte Bildung auf der einen und grassierendes Analphabetentum auf der anderen Seite; der Unterschied zwischen Mekka, Medina, Jerusalem und dem Rest der Welt. Dieses Gespräch bietet mir Einblicke in eine Lebenswelt, die mir fremder nicht sein könnte.
Wahrscheinlich wegen meiner Ehrlichkeit nutzt Bubal selbst die Chance und holt Erkundigungen ein, die er, so glaube ich zumindest, niemanden anderen zu fragen gewagt hätte. Beispielsweise unser westliches Verhältnis zu Alkohol, oder die Technologie- und Autofrage. „Ich besitze, also bin ich? Ist das wirklich so?" Für den Erwerb von Statussymbolen bejahe ich unser Streben nach „Höher, schneller, weiter, mehr...", denn Afrika ist da nicht anders.
Doch als ausschließliche Lebensphilosophie unseres Kulturkreises verneine ich seine definitiv ernst zu nehmende

Fragestellung. Ich halte meine Antwort diplomatisch. „Manche Europäer ticken gewiss so, aber längst nicht alle."

Ich hänge gerne bei Bubal mit meiner neuen Freundin ab!

Gerade als sich unser Gedankenaustausch dem interessantesten aller Themen zuwendet, der holden Weiblichkeit, genauer gesagt, dem Frauenbild des Westens, werden wir dreist unterbrochen.

Unverhofft kommt wirklich oft, speziell auf einer kleinen Insel. Auf einwandfreiem Deutsch werden wir über den Zaun hinweg von einer geselligen Dame begrüßt, während ihr wortkarger Ehemann uns nur zuwinkt. Dem Dialekt nach stammen die beiden aus dem hessischen Sprachraum. Bubal kennt sowohl das Pärchen als auch das sie begleitende Prachtexemplar von Hund und bittet sie herein.

Keulchen ist der monströse Rüde zunächst unheimlich, weswegen er sich hinter Karamela versteckt. Die kleine Hündin, die wir mühevoll zu Bubal gelockt hatten, nimmt sogleich über den Zaun Reißaus und wartet lieber in Sichtweite an einigen umgefallenen Mülltonnen.

Sollte sie stiften gehen, ist Koylas neue Freundin zumindest verarztet, satt und weiß, wo sie in der Not Futter abgreifen kann, weswegen wir ihr jetzt nicht nochmals nachstellen.

Viel Zeit, um mir darüber Gedanken zu machen, bleibt nicht, denn Bubals Besuch fängt umgehend an zu erzählen, da die Dame ein unstillbares Redebedürfnis antreibt. Auch sie und ihr Ehemann hatten sich vor einer Weile im Urlaub in einen Hund verliebt. Einen stattlichen Rüden! Ihn begleitet eine traurige Geschichte. Sein Rudel wurde feige vergiftet! Er alleine hatte überlebt. Trotzdem wirkt der besonnene und ruhige Leithund vollkommen entspannt. Keule fürchtet sich schrecklich vor dem souveränen Muskelpaket. Nur mit Karamelas Rückendeckung traut sich mein Weichei in seine Nähe. Wir beschließen, um die Situation zu entschärfen, eine Gassirunde in heimatlichen Gefilden zu drehen.

Auf dem ausgedehnten Spaziergang genießt mein Kleiner die Selbstsicherheit des „Oberbosses". Durch bloße Anwesenheit halten die 60 Kilo Muskelmasse andere Straßenhunde fern. Der Rüde sichert wie selbstverständlich den Raum für Keule, der den Schutz des Rudels voll auskostet.

Es begleiten uns noch Kosimo, Karamela, die kleine Hündin, die witziger Weise bei meinem tierlieben Nachbarn ein neues Zuhause finden wird, und, warum auch immer, mehrere Katzen.

Mein Bub darf in einer bewussten Willensentscheidung meinerseits ohne Leine laufen, da ich nicht mehr fürchte, dass er die Fliege macht. Wie eine Klette klebt er regelrecht an mir. Ein gutes Gefühl. Keule entwickelt sich viel schneller als erwartet zum besten Freund des Menschen. In seinem Fall zu meinem besten Freund.

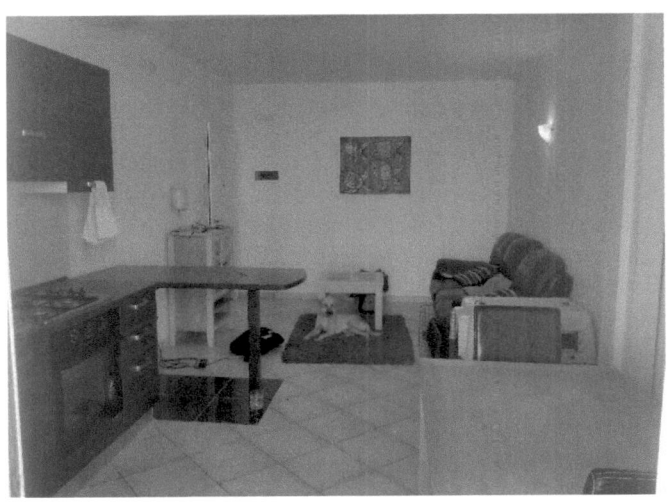

Das ist mein liebstes Revier!

ABSCHIED UND NEUANFANG

Im Morgengrauen erwachen wir gut ausgeschlafen.

Eigentlich ist mein neuer Freund kein Hund, sondern ein Huhn. Er erhebt sich mit den ersten Sonnenstrahlen und drängt, sobald abends die Dämmerung einsetzt, in Richtung unseres Schlafgemachs.

Beim Morgenkaffee nervt mich Elektro-Musik, die unentwegt aus der Wohnung unserer Nachbarn dröhnt. Auf dem Nebenbalkon geht der Punk ab. Leere Flaschen türmen sich auf der Bank, der Aschenbecher quillt über und die Feiernden sind mehr als nur gut angeheitert. Dankend lehne ich ihre Einladung ab, noch einen Drink zu nehmen. Konnte ja keiner ahnen, dass sie sich selbst einladen würden.

Nach unserer frühmorgendlichen Gassirunde im Sonnenaufgang begegnen uns im Treppenhaus zwei feierwütige Damen.

Jung, hübsch anzusehen und merklich „drauf". Sie folgen wie Zombies meinem Hündchen. Ohne zu fragen stürmen sie meine Wohnung, machen sich auf meinem Sofa breit und stecken sich in der Bude Kippen an. Die Grazien stinken wie ein ganzes Wirtshaus. Keule trinkt zwar selber gerne Bier, was er wohl auf der Straße gelernt hat, doch die beiden Rauschkugeln hasst er regelrecht. Er knurrt sie an und kläfft laut, um sich anschließend in den hintersten Winkel seiner Box zu verziehen. Das erste Mal, dass er freiwillig zur Gänze hineingeht. Während ich packe, beginnen meine ungebetenen „Gäste" rumzuknutschen.

Aus der Box brummelt es unentwegt. Warnsignale, die bedeuten sollen: „Kommt mir ja nicht zu nahe!"

Ich übe mich darin, die unberechenbaren Damen zu ignorieren. Angestrengt denke ich darüber nach, wie ich sie wieder loswerde.

Da fällt mir beim Aufräumen meine, im Duty Free

erstandene, ungeöffnete Flasche Billigwhisky in die Hände. Eigentlich zur Desinfektion gedacht, hilft sie mir, mit dem Hinweis, dass ihre Freunde sich gewiss freuen, die Volltrunkenen in ihre eigene Wohnung zu verfrachten. Jetzt habe ich bereits zwei Hunde, die keine Betrunkenen mögen. Fluffgepuff hört nicht mehr auf mich, wenn ich einen zu viel habe. Gut, dass ich schon vor einer Weile hauptsächlich auf alkoholfreies Bier umgestiegen bin.

Plötzlich klingelt es und eine freundliche, leicht angegraute Mittfünfzigerin kommt zur Wohnungsabnahme. Keule lässt sich anstandslos streicheln und wirft sich regelrecht in ihre Arme. Selbstverständlich haben wir uns, typisch deutsch, an der Hausordnung orientiert und brav sauber gemacht. Keule zwang mich auf altbewährte Art zu kehren.
Es gäbe eigentlich einen Staubsauger, der nach einmaliger Nutzung unangetastet bleibt. Die Lautstärke des Uralt-Japaners erträgt mein Hündchen nämlich nicht. Er stimmt lautstark in das Geheul der alten Maschine ein, was ich ihm weder durch Schimpfen noch durch Leckerlis ausreden kann. Da ich weiß, wie knapp Wasser auf der Wüsteninsel Sal ist, habe ich an allen Ecken und Enden gespart.
Überall hängen Infoplakate herum, dass das feuchte Nass unbedingt rationiert werden muss. Das nehme ich mir als „Öko" zu Herzen. In den sieben Tagen sind gerade einmal hundertzwanzig Liter durch meine Dusche geflossen. Ein neuer Rekord, wie die Dame sagt. Schalkhaft schnuppert sie an mir und meint lachend, dass man es kaum röche. Sie händigt mir die volle Kaution aus. Da hupt auch schon unsere Mitfahrgelegenheit. Wehmütig nehmen wir Abschied von unserem Domizil.

Ich zerre Gepäck, Hundebox, sowie Keule, der merkt, dass da gerade Großes abgeht, vor die Haustüre, damit wir Bubal mit den Reisepapieren abholen können. Der Gute wird uns durch die Kontrollen am Flughafen helfen. Unser Taxifahrer ist wenig begeistert und nimmt uns nur mit, wenn wir Keule in die Box packen.

Das erste Mal, dass mein bemitleidenswerter Begleiter in die Box MUSS. Bisher habe ich versucht, ihn daran zu gewöhnen, indem ich ihn darin fütterte und er sie als letztmöglichen Rückzugsort zum Verstecken hatte. Er ergibt sich, nach kurzem Gegenstellen der Pfoten, seinem Schicksal. Gemütlich zuckeln wir zum Abschied durch die Wüste. Endlose, karge Dünen aus gelb-weißem Nichts säumen unseren Weg.

In der blöden Transportbox fühle ich mich
nicht wohl!!

Am „Aeroporto" angekommen, zieht sich der Check-In ein wenig hin. Mein tierlieber Freund Bubal wartet bestimmt eineinhalb Stunden mit afrikanischer Gelassenheit hinter der

Absperrung.

Der Polizist am Eingang lässt seinen Landsmann nämlich nicht rein, da er kein Flugticket hat.

Eine Folge der vermehrten Anstrandung von Flüchtlingen aus Nordafrika, wie er mir erklärt. Doch Bubal trotzt der Schikane. Geduldig lehnt er, bis wir endlich fertig sind, an der Absperrung. Das Aufgeben des „Gepäcks" gestaltet sich kompliziert. Mehrere Flughafenangestellte durchstöbern meine „Benni-typische Zettelwirtschaft".

Ein breites Lächeln des Obermufti zeigt, dass offenbar alles in Ordnung ist. Von einem Kapverdianer, in überraschend gutem Deutsch angeleitet, landen wir in einem rostigen Schuppen auf dem Rollfeld.

Es geht nochmals durch eine extra Schleuse mit Metalldetektoren, der Hund fährt nebenan, voll automatisiert, über ein Rollband. Warum ich ihn nicht selbst auf einem Gepäckwagen schieben darf, ist mir schleierhaft. Bei jedem Rumpeln zuckt der Kleine panisch zusammen. Er sieht nicht glücklich aus.

Dann erfährt er die Erlösung. Er darf seine Box verlassen und fällt mir sofort in die Arme, und das meine ich wörtlich. Der Tollpatsch stolpert über seine eigenen Füße, wodurch er mit Vollgas auf die Schnauze geflogen wäre, hätte ich ihn nicht mit beiden Armen aufgefangen.

Solange Keules Transportunterkunft geröntgt wird, toben wir auf dem Rollfeld. Koyla hat die einzigartige Eigenschaft, Stress durch Rennen und Spielen abzuschütteln. Der Frechdachs liest eine halb leere Wasserflasche auf, die er hingebungsvoll zerbeißt, um sie mir in Fetzen gerissen als Spielaufforderung vor die Füße zu werfen. Selbstverständlich lasse ich mir das nicht zweimal sagen.

So weit ich nur kann, wird das auserwählte Objekt seiner Begierde von mir geworfen. Skeptische Blicke unseres „Aufsehers" brennen mir dabei im Genick. Keine hundert Meter weiter laufen die Triebwerke unseres Flugzeugs an.

Auf halbem Weg zum Hangar bleibt mein Hündchen plötzlich stehen.

Ich ahne, was nun kommt. Der Racker macht, was er immer macht. Pieseln und Pupsen. Mitten auf der betonierten Verladestation prangert ein dunkelbraun glänzender Haufen besten Hundekots.

Diebisch freue ich mich über meinen „leeren" Hund, denn jetzt bleibt sein Unterleghandtuch garantiert trocken und sauber.

Mit sanfter Gewalt muss ich „El Flatula" in sein Heim für die nächsten sechs Stunden schieben. Der Pupser furzt mir dabei, wahrscheinlich vor Aufregung, mitten ins Gesicht.

Beim Blick in sein Gefängnis verzeihe ich dem Schlingel aber sofort. Ein Bilderbuchhundeblick bettelt um Beistand. Wehmütig stupse ich ein letztes Mal seine feuchte Nase durch die Gitter an.

„Wir sehen uns bald wieder mein Kleiner!

Jetzt erst beginnt dein wahres neues Leben."Während ich mich bemühe, mich bei Bubal für die lange Wartezeit zu entschuldigen, winkt der ab.

„Eile mit Weile, Bruder. Wir bleiben in Kontakt!"

Handschlag, Faust aufs Herz und eine herzliche Umarmung, schon schickt er mich zum Gate. Und dafür hatte er nun 90 Minuten gewartet? Der junge Mann freut sich sichtlich, dass alles glatt gegangen ist. Kurz darauf schreibt er mir eine SMS. Er sei sehr berührt von Keule und mir. Er wünscht sich mehr Touristen wie uns.

Ich muss mir eine kleine Träne verkneifen und stelle insgeheim fest, dass mir der Kerl echt fehlen wird.

Noch habe ich eine dicke Beule!

Wie es der Teufel will, treffe ich im Innenhof des Restaurants beim Sicherheitsbereich den Feuerzeugspender des Hinflugs wieder. Schalkhaft erkundigt er sich, ob der Herr Autor für ein Autogramm bereitstünde.
Sie würden mir gerne das Buch, das ich ihnen vor einer Woche überlassen hatte, abkaufen. Sein Kommentar zu meinem Fantasyromanreihe
„Wayan", vorgetragen in tiefstem Oberbayerisch, ist kurz und treffend. „Ma muas scho a wengerl verruckt sei, dass ma sich des eifalla lassa ka. Aba liast sich echt guat!"
Mich freut, dass er Wayan, trotz Vorbehalten gegenüber „Fantasy", wirklich gelesen hat. Wir unterhalten uns angeregt über die Protagonisten, da erklingt durch die Lautsprecher bereits die Aufforderung zum Boarding zu kommen.

In eiligem Laufschritt hetze ich voraus. Ich würde gerne dem Kapitän nochmals mitteilen, dass sich ein atmendes, frierendes Lebewesen in seinem Laderaum befindet. Er solle doch bitte heizen und die Luftzufuhr anmachen.

Traurig aber wahr, Keule wäre nicht der erste vergessene Hund, der an Bord eines Flugzeugs entweder erfroren oder erstickt ist. Beim Boarding läuft mir eine Bekanntschaft, die ich aus der Tierauffangstation OSPA kenne, über den Weg. Gerade fertig mit dem Abitur, denkt die junge Dame darüber nach, ihren geliebten Urlaubshund zu sich zu holen. Nur die Mamma muss noch Ja dazu sagen.

Ich bewundere ihre Courage und ihr Organisationstalent, da sie alle Impfungen und die Papiere ihres zukünftigen Haustiers bereits in trockenen Tüchern hat. Wir müssen uns trennen, da meine Wenigkeit vorne und sie im hinteren Teil des Fliegers positioniert ist.

Als ich das Flugvehikel betrete, schlägt mir ein brachialer Lautstärkepegel entgegen, den eine illustre, gut angeheiterte Gruppe Österreicher verursacht. Die an die 90 Mann starke Truppe, die das halbe Flugzeug okkupiert, sorgt fortwährend für gute Stimmung.

Es stellt sich als Betriebsausflug eines alteingesessenen Österreichischen Spengler-Unternehmens heraus. Selbst längst Verrentete und durch Unfall Arbeitsunfähige durften mit. Meine Hochachtung!

Viele andere Besitzer von deutlich größeren Firmen können sich da, in Punkto Mitarbeiterbindung, eine Scheibe abschneiden. Mich lässt trotzdem die Sorge um Keule nicht los.

Hat er es warm? Ist die Luft gut? Wie laut ist es da unten? Sitzt er im Dunklen oder hat er ein Nachtlicht?

Ich habe den Verdacht, dass ich meine Sitznachbarn mit diesen Überlegungen nerve. Den Kapitän habe ich natürlich nicht angetroffen. Eine massive, mit einem Code gesicherte Panzertüre steht zwischen mir und der sicheren Bestätigung, dass für mein Hündchen gesorgt ist. Mir bleibt nichts anderes übrig, als den Steward zu bitten, den Mann, in dessen Hand unser Leben liegt, über Funk zu erinnern, dass im Laderaum mehr als nur Kakerlaken leben.

Weil ich direkt hinter dem Cockpit sitze, ahne ich aber, dass der Flugbegleiter lieber mit seinen Kolleginnen schäkert, als meinem Wunsch zu entsprechen. Wer denkt, das Sprichwort, „Die Zeit vergehe wie im Flug.", sei wahr, der irrt! Die Uhr scheint rückwärts zu laufen. So zäh empfand ich die Fliegerei noch nie und werde es hoffentlich auch nie wieder.

Meine Bedenken rund um Keules Sicherheit vergällen mir die fünfeinhalb Stunden Flugzeit.

Eine der wenigen Gelegenheiten, an denen ich mir gegen den Kummer etwas Leckeres gönne. Ich kaufe mir eine Tüte Chips. „Es wird schon alles gut gehen!", rede ich mir ein.

Von der Landung über die Passkontrolle bis zum Gepäckband dauert es nochmals eine dreiviertel Stunde. Die Hummeln im Hintern lassen mich nicht zur Ruhe kommen. Unruhig laufe ich auf und ab.

Als dann nach langem Warten das wertvollste Gepäckstück, das ich jemals transportiert habe, von einem griesgrämigen Tätowierten beim Sperrgepäck abgeliefert wird, fällt mir ein Stein in der Größe des Mount Everest vom Herzen. Keule geht es gut. Der Racker wirkt auf mich zunächst ein wenig indigniert, doch freut er sich ein Loch ins Knie, als seine Hundenase meinen „Duft" erschnüffelt. Ich übernehme eine Hundetransportbox, aus der es freudig quietscht, was mir ein erleichtertes Schmunzeln abringt. Von allen Seiten werde ich angesprochen. Die noch auf dem Hinflug über die leere Transportbox enttäuschte Rentnerfraktion kommt nun voll auf ihre Kosten. Der Grundtenor kling ungefähr so: „Oh mei, ist der süß! Darf man ihn denn füttern?" Als ich frage, womit die Herrschaften denn mein Hündchen beglücken wollen, muss ich leider ablehnen.

Weder Salami noch Schinken eignen sich für den empfindlichen Magen meines Vierbeiners. Eine vorwiegend weißhaarige Menschentraube bildet sich um uns. Ich wünsche mir ein Schild. „Überforderter Hund! Bitte Abstand halten!"

Eine Polizistin tritt forsch auf mich zu. Ich befürchte schon, dass mir jetzt der deutsche Staat ein Problemchen bereitet. Kommt da jetzt so etwas wie „Wesenstest!", „Papiere!" oder „Rassekontrolle!"? Stattdessen klärt die Uniformierte mich über interne Gepflogenheiten des Münchner Flughafens auf. „Sie dürfen den Hund gerne hier rauslassen!" Ein Seufzer der Erleichterung entfährt mir.
Mein Puls pendelt sich von zwischenzeitlich 180 bpm auf gesunde 75 bpm ein. Breit grinsend schüttle ich den Kopf, denn ich weiß ganz genau, was mein Junghund nach diesem Stress als allererstes machen würde. Nämlich sein Geschäft. Das Publikum würde den ehemaligen Straßenhund kaum dabei stören.
Die Flughafenhalle ist weder der richtige Ort, noch ist es mit einer Traube Menschen an den Hacken die richtige Zeit, diesen Hund der Wirklichkeit Europas auszusetzen.
Da gedulden wir uns lieber, bis wir draußen sind.

Dort erwartet uns auch schon die Frau meiner Träume. Endlich kann ich mein geliebtes Eheweib in die Arme schließen. An unserer Seite ist mittlerweile die junge Bekannte aus OSPA, die mit uns erwartungsvoll das Öffnen der Transportbox herbeisehnt. Als dies endlich auf dem Flughafenparkplatz geschieht, wagt sich Keule zögerlich heraus. Zaghaft tapsen seine Pfoten über das steif gefrorene Gras. Meine Liebste legt ihm die Schleppleine an. Dann, innerhalb eines Wimpernschlages dreht der Bursche hoch. Links, rechts, links, rechts...
Der junge Hund fetzt über den wenige Meter breiten Grünstreifen, bis ein nicht abebben wollender Strahl ihm Erlösung verschafft. Die Minustemperaturen scheinen den einstmaligen Wüstenbewohner nur geringfügig zu interessieren.

Neugierig, mit nur kurzen Phasen der Angst, erkundet der Neudeutsche den Münchner Flughafen.

Wir verabschieden uns von unserer OSPA Bekanntschaft, da uns noch die Aufgabe aller Aufgaben ins Haus steht: die Vergesellschaftung mit unserer Leithündin Kira, alias Fluffgepuff, ihr Name, wenn sie brav ist.

Um den Abend zu einem erfolgreichen Ende zu bringen, beeilen wir uns, nach Hause zu kommen. Die kaum einstündige Fahrt ist viel zu schnell vorbei. Es gibt Etliches zu erzählen. Nebenbei besprechen wir das weitere Prozedere der Zusammenführung.

Meine Frau Ildi setzt uns zunächst auf einem Supermarktparkplatz, ganz in der Nähe unserer Wohnung aus. Dort bekommt der magere Jungspund ein wärmendes Mäntelchen angezogen. Begeistert ist er nicht, was vielleicht daran liegt, dass sein neues Outfit viel zu groß ist.

So groß, dass es fast am Boden schleift. Seine Maße bekamen wir bereits vorab von den Mitarbeitern der Tierauffangstation zugeschickt. Nach diesen Angaben erwarb meine Liebste die „passenden" Hundetextilien. Keule sieht absolut lächerlich aus in seinem XXL Mantel, das meine Herzensdame bestellte. Da hat sich auf Sal wohl einer der OSPAsianer grandios vermessen. Beherzt knote ich die überschüssigen Stoffbahnen zusammen, damit der Knirps zumindest sein Schwänzchen heben kann.

Derweil geht die erfahrene Hundeführerin Ildi unser misanthropisches „Wolfskind" holen, während wir uns zum Park vorarbeiten. Die neue Situation schüchtert den frisch eingetroffenen Jungspund ein. Mehrere Rückfälle in sein Sitzstreik-Verhalten erteilen mir erneut eine Lektion in Geduld. Im weitläufigen Park der Rentenversicherung ist es dann soweit. Eine große Liebe nimmt ihren Anfang.

Das Mäntelchen ist mir viel zu groß!

Später erzählte mir meine holde Ehefrau, wie ungewöhnlich Kira sich aufgeführt hatte. Bevor Koyla überhaupt in Sichtweite kam, habe die sonst anstandslos leinenführige Hündin an der Leine gezerrt. Fluffgepuff sei kaum mehr zu halten gewesen, habe gequietscht und gefiept, was das Zeug hielt, bis sie uns letztendlich erblickte.
Unser „Wolltier" konnte es wohl kaum erwarten zu Keule zu kommen. Ihr zukünftiger großer/kleiner Bruder hingegen traut dem Braten noch nicht. Verhalten watschelt Keule in einem übergroßen Beschwichtigungsbogen auf seine neue Gefährtin zu. Die ignoriert seinen Annäherungsversuch erst einmal. Der Kleine ist ihr unterschwellig noch zu aufgeregt. Deshalb begrüße ich überschwänglich mein Schweinchen. Die Bezeichnung Schweinchen stammt daher, dass Kira grunzt, wenn sie sich sehr freut.
Das tut sie auch jetzt. Das Wollknäuel der ungarischen Treibhundrasse „Puli" rettete meine Holde vor einigen Jahren

aus einer Tötungsstation.

Vorher hatte sie ihr Dasein mutmaßlich als Hofhund an der Kette gefristet und zu jung Babies bekommen, da sie trotz ihres jungen Alters stark vergrößerte Zitzen hatte. Fluffgepuff hatte eine ähnliche Geschichte wie Keule durchlebt.

Verletzt, zutiefst verängstigt, inklusive einen ausgeprägten Männerhass, dauerte es fast ein Jahr, bis sie endgültig Vertrauen in mich gewonnen hatte. Und eines kann ich Ihnen sagen: Dieses Vertrauen ist hart erarbeitet!

Kiras Sozialisation kostete uns viele Nerven und stellte gerade meine Geduld auf eine weit größere Probe, als es bei Keule der Fall ist. Das „Luder" nahm einige Male Reißaus, sobald sich ein anderer Mann näherte, ging stiften, wenn es knallte oder verdrückte sich unter unseren Wohnwagen auf der Farm, wenn ich eigentlich nach Hause wollte.

Jetzt ist die Fluffeldame ein vollkommener Vorzeigehund. Von ihr kann sich Keule noch einige Scheiben abschneiden, was er glücklicherweise sofort angeht.

In einer Ruhe, die ich von meinem Wuselhund so gar nicht kenne, schreitet er auf seinen zukünftigen „Boss" zu. Ildi und meine Wenigkeit wechseln vielsagende Blicke. Was ist da nur in unseren Erst-Hund gefahren? Sonst eher abweisend gegenüber anderen Vierbeinern, fängt Kira an zu quietschen. Sie macht Freudenhüpfer. Kira weist ihren neuen Schützling weder zurecht, noch ignoriert sie ihn, wie die Hündin es sonst bei Erstbegegnungen zu halten pflegt.

Scheu und schüchtern umkreist Keule seine neue Angebetete. Er darf sogar an ihr schnüffeln. Plötzlich kommt Bewegung in die Sache. Das jungfräuliche Gespann dreht gemeinsam eine Runde durch den Park. Ich muss mich zusammenreißen, Koyla laufen zu lassen und nicht sofort die Leine zu greifen. Als frischgebackener Hundebesitzer muss ich erst noch lernen, ihm zu vertrauen.

Erleichterung macht sich breit.

Der „Zugereiste" dackelt der „Alteingesessenen" treudoof

hinterher. Während Fluffgepuff fleißig markiert, entdeckt Keule sein erstes Stöckchen. Voller Hingabe beißt er hinein, zerrt es herum, bis seine neue Rudelchefin ihm gebietet, gefälligst nicht so viel Wind zu machen.

Wie bereits bei Karamela auf Sal, akzeptiert der Jungspund ihre Führung bedingungslos. Beglückt, dass auf neutralem Territorium das hündische Miteinander so gut klappt, können wir nun das nächste Kapitel der Zusammenführung angehen: Kiras liebstes Domizil, unsere Wohnung.

Der Zwerg erstarrt vor der Treppe. Ich fühle mich an unseren ersten gemeinsamen Tag erinnert. Mit viel Bitten und Betteln bequemt sich der Herr, das erste Stockwerk zu erklimmen. Anschließend herrscht, zu meiner Verblüffung, völlige Verweigerung. Er wagt sich weder in den zweiten Stock, noch denkt er im Entferntesten daran, durch unsere weiß gefliese Küche ins Wohnzimmer zu laufen. Vor meiner Frau etwas beschämt, trage ich den Racker hoch und dann auch noch über die bösen Fliesen. Im Auto hatte ich noch angegeben, dass MEIN Hund JEDE Treppe nimmt.

Ich hätte mein letztes Hemd verwettet, dass er anstandslos seine zukünftige Heimat betritt. Mit dem aufgeregten Hund im Arm staune ich nicht schlecht. Unsere ganze Bude hat ihr Gesicht gewandelt. Neben einer zweiten Filz-Hundehütte passt sich der neue schwanzwedel-sichere Tisch wunderbar in unsere 46 Quadratmeter ein. Es fällt nicht einmal auf, dass meine fleißige Ehefrau unser Wandregal um 90 Grad gedreht und knapp die Hälfte unserer Bücher sang und klanglos verschwinden hat lassen.

So gemütlich flauschig und warm!

Mein Herz macht einen kleinen Freudenhüpfer, denn meiner Liebsten gelingt es, den Kleinen völlig aus der Fassung zu bringen:
Als Willkommensgeschenk erhält er etwas nie Dagewesenes. Sein normales Trockenfutter bekommt er mit einer

Untermischung richtig echten Fleisches.

Ungläubig starrt er seine Futterschüssel an. „Ist das wirklich für mich?", sagt mir sein verwirrter Blick. Erst als ich nicke und ihn ermuntere, bitte zu essen, legt er los. Keule verschlang schon immer lautstark sein Essen, doch das, was da abgeht, stellt jedes Wildschwein in den Schatten. Tischmanieren müssen wir wohl noch lernen.

Glücklicherweise hält Kira die Füße still. Sie schimpft zwar, wenn ihr das neue Brüderchen zu sehr auf die Pelle rückt, doch stellt sich kein Puli-typisches Angeraunze ein.

Es ist spät. Mensch und Tier sind am Ende ihrer Kräfte. Zutiefst erschlagen, fallen nicht nur dem Junghund die Augen zu.

Weit nach Mitternacht, in kapverdianischer Zeitrechnung sogar bereits wieder beinahe Zeit zum Aufstehen, betten wir uns zur Ruhe. Bereits im Halbschlaf stupst mich meine Frau an. Sie erkundigt sich schmunzelnd.

„Warum will Keule eigentlich auf dem nackten Boden vor seiner Futterschüssel schlafen?" Kopfschüttelnd erhebe ich mich für diesen Abend ein letztes Mal. Die Platzwahl meines neuen Kumpels halte ich für eine blöde Idee. Das Letzte, was ich möchte, ist, dass er sich erkältet und ich mit einem kranken Hund zu kämpfen habe. Gähnend führe ich meinen Schützling zu seinem ganz persönlichen, eigenen Bettchen. Abermals schlägt mir diese fassungslose Ungläubigkeit entgegen. Könnten Blicke sprechen, hätte er mir folgendes mitgeteilt.

„Du veralberst mich doch! Meins? Ok, ich bin zu erledigt. Das glaube ich dir jetzt einfach mal. Gute Nacht!"

Er fällt geräuschvoll auf seine niegel-nagel-neue Hundematratze. Nach zehn Sekunden Streicheln ist er im Land der Träume.

„Zaaapfüüüü... schnarch... schnarch... schnarch...!" Welch ein Glück, wir sind endlich zu Hause angekommen!

WO KOMMT DENN NUR DAS VIELE WASSER HER?

Mir wird das Glück zuteil, auszuschlafen. Als meine Äuglein sich öffnen, herrscht in der Wohnung gähnende Leere. Ein beklemmendes Gefühl ergreift von mir Besitz.
Nach einer Woche ununterbrochenen Zusammenseins mit dem anhänglichen Vierbeiner fehlt etwas Elementares. Als meine geliebte Meute nach Hause kommt, verwandelt sich Keule in einen Propellerhund, da sich sein Schwänzchen vor Freude wie wild dreht. Dass er nicht abhebt, gleicht einem Wunder. Auf die unbestreitbare Bemerkung meiner Frau hin, mein Hündchen würde bestialisch stinken, bereite ich mich innerlich vor, Keulchen zu waschen. Meine Herzensdame hat dafür sogar bereits das passende Shampoo besorgt, was sie mir demonstrativ vor die Nase stellt. Keules recht säuerlicher Grundtenor war selbst mir aufgefallen, obwohl ich als Hobbybauer viel und ausgiebig mit strengen Gerüchen zu tun habe. Nach dem Frühstück gehen wir unseren gemeinsamen Gang nach Kanossa.

Beherzt packe ich mir den Rüden und stelle ihn in die Badewanne. Selbstverständlich lege ich ein großes Handtuch unter, damit er nicht ausrutscht.
Zunächst benetze ich nur seine Hinterläufe, was er mit einer versuchten Flucht quittiert. Sein Stimmungsanzeiger, der Schwanz, klemmt wie festgeklebt zwischen seinen Beinen. Erst als er merkt, wie lustig doch dieser Wasserstrahl ist, fällt die Panik von ihm ab. Er versucht zu trinken.
Hustet und prustet, versucht es erneut, bis er einsieht, dass dieses lustige Spielzeug einem anderen Zweck dient, nämlich ihn einzuweichen.
Ganz vorsichtig beginne ich ihm sein Fell zu tränken, an dem jegliches Wasser zunächst wie an einer Lotusblüte abperlt.

Mein tierischer Begleiter outet sich als eindeutiger Warmduscher, denn vor kaltem Wasser weicht er erschaudernd zurück. Da fällt mir auf, dass ich sein Shampoo im Wohnzimmer vergessen habe. Ich eile, so schnell es nur geht, doch bin ich für den flinken Vierbeiner viel zu langsam. Ich höre einen lauten Schlag und drehe mich sofort um. In diesem Moment huscht ein tropfender Schatten an mir vorbei und plumpst triefend auf sein Bettchen. Der kleine Trottel wird aus der Badewanne gefallen sein und ist mir, trotz der rutschigen Fliesen, gefolgt. Eine schlammbraune Spur zieht sich vom Bad durch die Küche bis zum Teppichboden.

Ich will nur raus hier!!!

Also auf ein Neues. Mit dem passenden Reinigungsmittel und meinem Dreckspatz steige ich in die Wanne. Jetzt ist es sowieso schon egal, ob ich noch schmutziger werde. Meine Klamotten sind nunmehr genauso stinkig und nass wie das

Fell meines Hündchens.

Weil es keine Rolle mehr spielt, hocken wir nun gemeinsam in der überdimensionalen Porzellanschüssel. Geteiltes Leid ist halbes Leid, denn Keule findet es wirklich toll, dass ich sein Schicksal mit ihm teile.

Es kostet mich einiges an Durchhaltevermögen, den neugierigen Hund davon abzuhalten, das Zeckenshampoo aufzulecken, das ich großzügig aufbringe.

Ich bin schockiert. Mindestens ein Dutzend versteckter Zecken fallen aus ihm heraus und versuchen zu flüchten. Beim finalen Ausspülen wird erst klar, wie verschmutzt Fell, Zehenzwischenräume und seine Falten sind.

Aus dem ganzen Wauwau rinnt braun-schwarzer Schmodder, der einen klebrigen Film auf dem weißen Wannenboden hinterlässt. Um das wieder zu beseitigen, reicht es nicht, die Wanne auszuspülen. Mit einem Konglomerat aus Putzmitteln heißt es später schrubben, bis die Finger glühen.

Als ich den blitzblanken Vierbeiner abtrockne, beginnt er völlig durchzudrehen. Der Kleine wälzt sich im Handtuch, verstrickt sich darin, springt auf, lässt sich fallen, springt auf und lässt sich fallen.

Mit einem einzelnen, überdrehten Satz durchquert er die halbe Wohnung, schubbelt sich an allen zugänglichen Stellen, am Bett, am Sofa, er versucht sich sogar an der Filzhundehütte von dem lästigen Wasser zu befreien, die prompt in sich zusammenfällt.

Mir bleibt nichts anderes übrig als dazustehen und mir das Schauspiel höchst amüsiert anzuschauen Vierbeiner tropfte, hätte sie die Bettlaken wohl verbrannt...

Bitte streichel mich!

Mit Feuereifer schmeißt er sich abermals in das Handtuch zwischen meinen Füßen. Der Halodri nagt fröhlich darauf herum, und, auf dem Rücken mit ausgestreckten Pfötchen, ergibt er sich seinem Schicksal. Endlich kann ich ihn von der ungewohnten Nässe befreien.

Ich staune nicht schlecht. Angefangen von seinem Hals, über den Bauch, bis zu seinem hodenlosen Schniepel zieht sich ein reinweißer Aalstrich.

„Weiß? Was zur Hölle! Der Hund hat wirklich weiße Flecken? Igitt! Der war in unserem Bett!" Ist die Reaktion meiner Liebsten.

Wäre sie dabei gewesen, während die eigentliche Brühe aus diesem Das war wirklich viel Aufregung für einen Morgen, an der Grenze zum Bewältigbaren für Keule. Er schläft die folgenden fünf Stunden wie ein Murmeltier. Wir beschließen den Tag mit einer gemeinsamen, ausgedehnten Gassirunde zum Sonnenuntergang. Mit Fluffgepuff und Ildi bilden wir sogar ein ganzes Rudel, das dem Neuankömmling, sowohl Sicherheit und auch Entspannung bietet. Ausgepowert fallen unsere Wollkinder nach einem fleischigen Festmahl in den wohlverdienten Schlaf.

DER ERNST DES LEBENS

Die Entscheidung ist gefallen! Von nun an lassen wir Keule eine konsequente Erziehung angedeihen. Mein Konzept „Beziehung wagen" ist aufgegangen, wodurch er mir vollkommen vertraut und mich in vollem Umfang in seine hündischen Entscheidungen miteinbezieht.

Nun muss der ehemalige Straßenhund lernen, was sich für einen europäisches Haushund gehört und was nicht. Kira tut zwar ihr Möglichstes, den Racker vom Zerrupfen von Kissen oder Fellen abzuhalten, doch irgendwann muss auch mal ein Leithund schlafen. Beispielsweise verzieht der Schlawiner, wenn „Donna Fluffel" ruht, andauernd meine Klamotten, bevorzugt Unterhosen. Wenn er diese nur bunkern würde, wäre das gar kein Problem, leider kaut er Löcher hinein, die bis zur Unbenutzbarkeit ausarten.

Wir weisen ihm einen stinkigen, sowieso löchrigen Pullover zu, auf dem nach Gusto herumgekaut werden darf. Dafür hat er alle anderen Objekte seiner Begierde in Ruhe zu lassen. Erstaunlicherweise funktioniert das richtig gut.

Da über Nacht zwanzig Zentimeter Neuschnee gefallen sind, muss ich in meiner Funktion als Hausmeister die weiße Pracht beseitigen.

Aus Jux und Tollerei nehme ich beide Vierbeiner mit nach draußen. Während Kira völlig entspannt herumlungert, weiß ihr neues Brüderchen mit der Schneeschaufel so gar nichts anzufangen.

Zunächst verbellt er das Werkzeug, dann verkriecht er sich, als das offensichtlich nicht zum Erfolg führt, unter einem Busch.

Der Angsthase merkt, dass dieses laut kratzende Objekt Kira nicht die Bohne interessiert. Sie signalisiert ihm sogar, „KEINE GEFAHR!", indem sie gähnt und schmatzt. Beherzt locke ich ihn heran, zeige ihm, dass die Schneeschaufel harmlos ist. Er riecht sie von oben bis unten ab. Nachdem der

Groschen gefallen ist, verfällt der Racker in eine mir völlig unbekannte Spielwut. Er zerrt wie wild am Holzstiel meines Arbeitsgerätes. Wenn ich sein neuestes Spielzeug abstelle, schnappt er es sich sogleich, um seine eroberte Trophäe herumzutragen.

Das ist aber gar nicht so einfach, bei einer Länge von knapp zwei Metern. Glücklicherweise kommt der Schlingel nie weit. Brav lässt er umgehend ab, zische ich ihn an.

Meine Familie!

Wir wagen den nächsten Schritt. Unser kleiner Bauernhof am Rande der Stadt lockt mich wie magisch an.

Mir fehlen meine Viecher! Beide brennen wir darauf, dem Neuling die Schafe vorzustellen. Um dorthin zu gelangen, ist es aber notwendig, die Hauptstraße zu überwinden. Dafür müssen die beiden Gepelzten in unsere Fahrradanhänger. Zuallererst sträubt sich der flegelnde Rüde gegen die ungewohnte Fortbewegungsmethode.

Mit allen Vieren stemmt er sich gegen das geräumige Vehikel.

In Erinnerung an unsere rasante Pick-Up Fahrt auf Sal lache ich ihn aus. Verglichen mit der afrikanischen Art zu reisen ist das lockere Gezuckel zur Farm ein Kaffeekränzchen. Ildi fasst sich ein Herz, stopft ihn schwungvoll in seine (was er noch nicht weiß, aber bald erfahren wird) neue Outdoor-Lieblingslocation, damit wir endlich loskommen. Von nun an wird er immer, wenn er friert oder keine Lust mehr hat zu laufen, von selbst einsteigen - egal, ob wir es mitbekommen oder nicht.

Rechnet man nicht mit einem Mitfahrer und bremst abrupt, fällt der halt vornüber aus seiner „Limousine". Schmerzhaft, aber lehrreich.

Wir führen ein festes Ritual ein. Unsere Hundis dürfen ab dem Biotop frei laufen.

Koyla ist abrufbar, denke ich zumindest. Leider beweist er uns bei tausend und einer Ablenkung, dass er es nicht ist. Bis er das Zurückkommen zuverlässig gelernt hat, bleibt ihm somit die Schleppleine nur zu seltenen Gelegenheiten erspart. Als sich das provisorische Tor, erbaut aus einem Bauzaun samt Steinen, öffnet, sieht man ihm die Überforderung deutlich an.

Wie so manchen Besucher übermannt ihn die Fülle der Eindrücke und Möglichkeiten. Er ist mit sich selbst uneins. „Soll ich Gras fressen? Hmm... Leckerlis abstauben wäre auch toll? Stöckchen!"

Sein Blick schweift über die Feuerstelle zu den Kaninchengehegen. Überfordert sucht er Rat bei Fluffgepuff. Die bellt ihn lautstark an.

„Entspann dich!", will sie dem unerfahrenen Junghund mitteilen. Man sieht ihm, an wie er hin und her gerissen ist.

„Katze oder Kaninchen jagen? Katze oder Kaninchen jagen? Katze oder Kaninchen jagen?"

Der Racker setzt zum Sprint an. Zeitgleich steigen meine Liebste und ich auf die Schleppleine. Dieses unerwünschte Verhalten müssen wir von Anfang an unterbinden.

Sollte der vom Wolf abstammende Vierbeiner auch nur ein einziges Mal zum Jagderfolg gelangen, könnte das zum unweigerlichen Ende seiner Cityfarm-Karriere führen. Bei einem Hund, der Blut geleckt hat, besteht laut Lehrbuch die Gefahr, dass er sein Leben lang Hoppeltieren, Katzen oder kleineren Artgenossen nachstellt.

Bei diesem Thema scheiden sich unweigerlich die Geister. Selbstverständlich ist das Jagdverhalten von der Rasse und der Erziehung des Tieres abhängig, doch ist es bei einem Bastard wie Keule besser, auf Nummer sicher zu gehen. Fluffgepuff hat längst akzeptiert, dass Federvieh und Co. zum Rudel gehören und somit nicht gejagt werden dürfen. Wir freuen uns, dass sich der Kleine lernwillig zeigt. Fröhlich tapst er uns überall hinterher, liest heruntergefallene Brotkrumen auf, bis er vor unserer Wollbande erstarrt. Man muss dazu sagen, dass weder unsere Schafe noch unsere Ziegen, wenn sie durch einen Zaun geschützt sind, auch nur den Hauch von Respekt gegenüber Hunden zeigen. Wie die Perlen auf der Schnur aufgereiht stehen die Paarhufer da und starren den verschüchterten Neuling an. In der Sprache der Hunde weist durchgängiger Blickkontakt normalerweise auf Aggression hin.

Diese Tiere sind mir unheimlich!

Keule knickt sofort ein. Schaut weg, beschwichtigt. Zu seiner Bestürzung tun es ihm die komischen Tiere nicht nach, sondern gaffen einfach weiter. „Wer bist du? Was willst du hier?", verrät uns ihre Körpersprache. Neugierig steckt Ori, unser jüngstes Lamm, seine Nase durch den Zaun. Mein Schützling stolpert zehn Schritte zurück. Bei Obi-Wan hätte ich dieses Verhalten verstanden. Achtzig Kilogramm Schaf sind eine beeindruckende Erscheinung. Aber Angst vor Ori? Der süße, kaum kniehohe Zwerg würde dem Fleischfresser eher die Nase ablecken als hineinzubeißen.
Voller Anspannung sucht der Feigling bei mir Schutz. „Was wollen die von mir?"
Wir entschärfen die Situation und spielen mit Stöckchen und Ball. Neugierig beäugen die Schafe unser Treiben, verlieren aber nach und nach das Interesse.

Der Farmalltag lässt leider nicht auf sich warten. Wasser benötigen alle Tiere, weswegen ich anfange, Gießkannen zu schleppen. Keule folgt mir auf Schritt und Tritt. Kira hat sich längst in ihr Körbchen verzogen.

Ungewohnte Anstrengungen für den lebhaften Rüden. Nach einer Weile fallen ihm trotz seiner Neugier auf all das Neue die Augen zu. Doch seine Unruhe lässt nicht zu, dass er einschläft. Merkwürdige Geräusche kommen von meinem Hund, sobald er sitzt oder liegt.

Während er vor sich hin zittert, klappern lautstark seine Zähne.

Trotz gefütterter Jacke friert der ehemalige Wüstenbewohner bitterlich. Irgendwie verständlich, denn es hat beinahe minus zehn Grad.

Ich lege das erschöpfte Jungtier auf ein Schaffell, decke ihn mit meiner Jacke zu, was er mit einem tiefen Dankesseufzer kommentiert. Sofort übermannt den Burschen der Schlaf. Ich muss bei ihm bleiben, da er umgehend aufsteht, bewege ich mich auch nur einen Millimeter von ihm weg. Meine Liebste trifft noch Vorkehrungen gegen Marder, Fuchs und Co., indem sie Hühner und Enten in ihre Ställe sperrt, dann fahren wir umgehend nach Hause. Wir erschrecken. Der übermüdete Keule ist tapsiger denn je.

Humpelinchen zieht seinen rechten Hinterlauf nach und stolpert herum wie eine betrunkene Ente.

Ich mache mir ernsthafte Sorgen, weswegen wir beschließen, gleich nach dem Wochenende den Tierarzt zu besuchen.

Ich mache ein Schläfchen in Herrchens
Armen!

Am Abend bieten wir den beiden hündische Unterhaltung. Wir verstecken Leckerlis im Karton leerer Klopapierrollen, die sie zerrupfen dürfen. Manchmal ist unser Neuzugang nicht der Hellste, denn Fluffgepuff macht es perfekt vor. Sie schält das Objekt der Begierde Streifen für Streifen aus seinem Gefängnis. Wir stecken mittlerweile sogar drei Rollen ineinander, damit sie wenigstens für einige wenige Minuten etwas zu tun hat. Ich war immer davon ausgegangen, dass das Lernprinzip, „Äffchen sieht, Äffchen macht nach." auch für meinen Hund gilt. Weit gefehlt. Anstatt es seinem Vorbild nachzutun, beginnt er das blöde Ding, das ihn vom Fressen abhält, mit mäßigem Erfolg zu zerstückeln.

Man möchte meinen, seine Taktik sei eher, den Karton mit Sabber einzuweichen. Heimlich beobachte ich ihn weiter. Unwillkürlich klatscht meine Hand gegen die Stirn: So ein Depp! Er frisst den Karton! Dieses Verhalten kenne ich bereits von anderen Straßenhunden.

Die allgegenwärtigen mit Ketchup verschmierten Pappteller der Touristen bilden sogar einen wichtigen Bestandteil ihrer Nahrung. Keule selbst hat mir, nicht nur einmal, im Tausch gegen Futter diese Art von Müll zugetragen. Verständnisvoll zeige ich also, wie es geht, reiße den Karton ein und halte ihn fest, damit er zur Tat schreiten kann. Freudig nimmt mein Schützling die Steilvorlage auf, zerrt und kommt schließlich zum Erfolg. Der Racker freut sich tierisch und rollt auf den Rücken, um sich ausgiebig kraulen zu lassen. Dabei schläft der müde Krieger ein.

In genau jener Position wecke ich ihn fünf Stunden später, damit wir unsere nächtliche Pinkelrunde begehen können. Langsam, aber sicher, kehrt so etwas wie Normalität ein.

UNVERHOFFT KOMMT OFT

Hilfe! Überforderung! Hab ich alles? Leinen, Leckerlis, Kacktüten, Mäntelchen? Wie macht meine Süße das nur immer, an jede Kleinigkeit zu denken? Verdammt, ich habe vergessen Kaninchenfutter zu containern. Heute fällt mir die ehrenvolle Aufgabe zu, mit beiden Hunden die morgendliche Tierversorgung zu bestreiten. Ich beschließe, den ganzen Tag auf dem Hof, draußen zu bleiben. Zweimal werde ich mir die Fahrt in die Peripherie Augsburgs nicht antun, denn es ist Samstag und meine Hübsche ist auf der lokalen Messe „Afa" eingespannt. Es stehen Berge von Arbeiten an. Neben der üblichen Tierversorgung sowie der Fertigstellung des neuen Kaninchengeheges muss leider ein Hahn weichen. Dino, unser Althahn, lässt seinen eigenen Sohn nicht mehr in den Stall.

Die letzten beiden Nächte hätte der Araukanermischling bei Minustemperaturen im Freien verbracht, wären wir nicht eingeschritten.

Wer sich auskennt, weiß, dass halbwüchsige Hähne nicht vermittelbar sind. Aufgrund unserer Erfahrungen wissen wir auch, dass spätestens zum Frühjahr ein erbitterter Kampf um die Hennen zwischen den beiden Gockeln entbrennen würde. Kampf bis zum Tod lautet die Devise. Ödipus lässt grüßen. Aus moralischer Sicht dürfen wir diese Form der Keilerei gar nicht erst zulassen. Außerdem gilt es Inzest zu verhindern. Wir müssen die viele Arbeit glücklicherweise nicht alleine stemmen. Einige unserer Freunde haben artig angekündigt, dass sie uns mit Kind und Kegel „heimsuchen" würden. Nur hatte ich nicht damit gerechnet, dass sie so früh kommen.

Kaum sind die Schafe satt und das Federvieh scharrt im Auslauf, tröpfeln bereits die ersten Besucher ein. Mir fällt die Kinnlade herunter. Alle sind sie da.

Schlag auf Schlag kriechen unsere eingeschworenen

Cityfarmer aus ihren Löchern. Im schönsten winterlichen Sonnenschein lockt die Besichtigung des Neulings. Dadurch kommt unweigerlich Leben in die Bude.

Beim ersten Klingeln der Türe bellen Fluff und Keule noch, doch wird es ihnen schnell zu blöd.

Innerhalb einer Stunde sind zwei Dutzend Leute im Alter von drei Monaten bis siebzig Jahren am Werkeln. Ich staune nicht schlecht. Keule balgt voller Freude mit meinen Freunden. Mich scheint er vollkommen vergessen zu haben. Ich nutze die Gelegenheit, um den Gockel auszunehmen. Beim Rupfen wird mir Hilfe zuteil, die ich dankbar annehme. Doch ist die Vorarbeit, einen schmackhaften Braten aus dem Hahn zu machen, meine alleinige Aufgabe.

Gerade als meine Hand tief im Schlund von Dinos Sohn steckt, hupt es lautstark an der Türe. „Heulieferung!" Über den Zaun spitzeln zwei gigantische Rundballen auf einem vierachsigen Hänger.

Leo ist so ein toller Spielpartner!

111

Hektisch blicke ich mich um.

Eine gute Freundin, ihres Zeichens Kindergärtnerin, nimmt sich tapfer meiner derzeitigen Aufgabe an, damit ich das große Tor öffnen kann, um die dringend benötigten Heuballen einzulagern und zu bezahlen.

Ein tiefer, markerschütternder Beller, gefolgt von aufgeregtem Quietschen am Vordereingang verlagert meine Priorität. Der Bauer muss wohl alleine abladen. Fluffgepuffs große Liebe, der Rhodesian Ridgeback Leo, macht uns seine Aufwartung.

Ich ahne, wie der stattliche, unkastrierte Rüde auf meinen schüchternen Buben reagieren wird: mit herrschaftlicher Dominanz. Als ich ankomme, hat sich Kira längst unter dem Zaun durchgedrückt. Da trudelt auch schon Leos Herrchen ein. Während wir uns unterhalten, spielen die Hunde miteinander.

Zu meiner Erleichterung bleibt es friedlich, wobei das austrainierte Muskelpaket mein Keulchen ganz schön rumschubst. Leo ist nicht zimperlich.

Mehrfach fällt mein Schützling hin und kommt kaum mehr auf die Beine. Nach einem Überschlag und doppeltem Purzelbaum wird es mir zu viel.

Da Leo auf Zuruf brav ablässt, Keule ihn aber immer wieder zum Toben auffordert, baue ich mich breitbeinig vor meinem Schutzbefohlenem auf. „Genug Keule! Jetzt ist Pause!"

Wieder hupt der Bauer am anderen Ende der Farm. Oh je, den hatte ich total vergessen!

Mit den tobenden Kindern samt Vierbeinern im Schlepptau, zeige ich en passant die letzten Handlungsschritte, um den Gockel ofenfertig zu bekommen. Etwas überfordert stehe ich danach, von ungebremster kindlicher

Energie umtobt, vor den Rundballen. Leicht genervt schicke ich die lärmenden Kinder zu den Erwachsenen, um Hilfe zu akquirieren. Die kommt auch prompt und die Helfer packen mit an. Mich freut es ja ungemein, dass Keule auftaut, aber Schnüffeltiraden zwischen rollenden Heuballen, die drei gestandene Kerle in ein Weidezelt hieven?

Dezent gefährlich! Mehrfach fliegt deswegen ein Stöckchen, geworfen von meinen Assistentinnen im Grundschulalter. So hat jeder seine Aufgabe.

Ich habe einen Hut zum „Zerkauen" geschenkt bekommen!

Wir stören unseren Kater Mio beim Schlafen im Heu. Gerade noch rechtzeitig erwische ich Kira und Koyla, wie sie ihn stellen. Meine Reaktion verdeutlicht ihnen, dass das nicht in Ordnung ist.

Es gibt einen Anschiss, der sich gewaschen hat. „Meine Tiere! Wenn einer jagt, dann nur ich!" Beide Wauwaus starren bedröppelt zu Boden. Zumindest Kira weiß ganz genau, was sie falsch gemacht hat. In ihrem „furchtbaren Leid" vereint, ziehen die Halunken ab und solidarisieren sich auf der Mäusejagd im Garten. Fangerfolg haben sie zwar keinen vorzuweisen, dafür aber eine stetig wachsende

Verbindung, die sich erst äußert, wenn man mit einem Hund alleine unterwegs ist.

Mit Kira kann ich ganz viel Blödsinn machen!

Trennt man das Zweiergespann, macht sich hündischer Unmut breit.

Die sonst bei Kira überquellende Freude am draußen Sein verwandelt sich in zurückhaltende Melancholie.

Keule hingegen sucht in konzentrischen Kreisen nach seinem Fluffgepuff. Findet der Jüngling seine Lehrmeisterin nicht, wird er unsicher und verfällt in längst vergessen geglaubte Verhaltensmuster. Stichwort Sitzblockade.

Kurz gesagt, werden unsere Hundis unzertrennlich, so wie Frauchen und Herrchen. Auf der Farm wird es nun schnell ruhiger. Der Nachmittag neigt sich dem Ende entgegen, die

Sonne sinkt über den Horizont und das Thermometer plumpst in Windeseile in den Minusbereich. „Empfindlich kalt" ist bei Keule wörtlich zu nehmen. Friert der ehemalige Wüstenbewohner, verwandelt er sich in eine Mimose. Mit aller Gewalt wird dann der Fahrradanhänger belegt, oder in beheizte Räumlichkeiten vorgedrungen.
So auch heute. Keule ist wieder einmal verschwunden. Nach ergebnisloser Suche weise ich Fluffgepuff an, mich doch bitte zu ihrem Begleiter zu führen.

Die schlaue Hündin lotst mich quer durch den Garten zu den Gewächshäusern, in denen übergangsweise die Kaninchen untergebracht sind. Die Türe ist fest verschlossen.
Ich wundere mich, was wir hier sollen. Da bellt Kira schon das neue Loch in der Gewebeplane des provisorischen Nagetierzuhauses an. Ich schaue hindurch und muss lachen. Dreimal dürft ihr raten, wer sich lautstark schnarchend, zudem umhoppelt von einer Horde aufgeregter Rammler, ein Nickerchen gönnt.....

Verschlafen hebt Keule, eingezwängt im isolierten Kaninchenstall, den Kopf.

„Alter, was willst du? Da draußen ist es kalt! Hier drin frier ich nicht!" Erst, als die Hühner im Bett sind und die Schafe bereits ihr frisches Heu wiederkäuen, verlässt er seinen neuen Schlafplatz. „Endlich geht es nach Hause!"

Wir genießen auf dem Komposthaufen
gemeinsam die Aussicht!

In bester Stimmung werden wir von einer Freundin sogar in ihrem Luxus Siebener BMW gefahren.
Lauthals müssen unsere Cityfarmer lachen, als sie sehen, wie der Junghund auf die Mitfahrgelegenheit reagiert. Ich hatte

noch großspurig angekündigt, dass der Kleine sich zieren würde, einzusteigen.

Ich habe gerade gelernt: Sein Auto-Trauma hat er definitiv überwunden. Kaum öffnet sich die Türe, sitzt mein Hündchen auch schon auf dem Fahrersitz.

Kira hüpft schnurstracks hinterher und positioniert sich als Beifahrer. Es kostet mich einiges an Überzeugungsarbeit, damit wir auf die Rückbank umziehen.

Zu Hause angekommen, erfreut mich ein weiterer Teilerfolg Keules. Schwer bepackt, wie ich gerade bin, kann ich mein Mimöschen nicht über die bösen Fliesen tragen. Irgendwann muss er es ja lernen, denke ich mir. Schweren Herzens lasse ich ihn zurück. Während mir Kira folgt, bleibt er in der Haustüre sitzen. Wer hat mehr Geduld, Hund oder Mann? Als ich mit einem verlockend duftenden Ochsenziemer wedle, fasst er sich ein Herz. Wie eine betrunkene Ente watschelt der Rüde über den rutschigen Untergrund. Dass man Autos tiefer legen kann, wusste ich, aber Hunde? Ein Wunder, dass sein Popo nicht über den Boden schleift.

Aber es ist geschafft. Der erste vollwertige Cityfarmtag ist überstanden. Keule ist fertig mit der Welt. Unendlich müde fällt er geräuschvoll schnaubend in sein Bettchen. Von da an herrscht Funkstille. Wecken unmöglich!

Der Jungspund ist so erledigt, dass sein Abendessen zum Frühstück wird. Mir ergeht es nicht besser. Waschen, essen und endlich ab ins Bett!

117

UNBEKANNTE WEGE

Überraschung!

Verschlafen hebe ich meinen Kopf. In völliger Hingabe wird mein aus dem Bett hängender Fuß mithilfe eines warmen, wabbeligen Objekts gesäubert.

So eine Zunge ist nämlich vielseitig verwendbar. Wäre mein Hund ein Ding, würde im doppelten Sinne die Beschreibung eines Waschlappens am besten passen. Ich schaue mich um und fasse es nicht! Gerade so spitzelt die Sonne über den Horizont und mein Keuletier ist der Meinung, dass für heute genug geschlafen wurde, denn ER war schließlich schon fleißig! „Guck mal! Ich habe umdekoriert!"

Über den ganzen Boden verteilt liegen unsere Klamotten. Ob frisch gewaschen oder bereits getragen machte dabei für mein Hundi keinen Unterschied. Schlaftrunken hieve ich mich aus dem Bett. Es nutzt wenig, ihn zu schimpfen, da er sich keiner Schuld bewusst ist.

Ich hätte ihn auf frischer Tat ertappen müssen, weil ein Rüffel nur als sofortige Konsequenz Wirkung zeigt und nicht, wenn er eineinhalb Stunden zu spät kommt.

Sein Schwänzchen propellert freudig im Kreis, während Fluff etwas bedröppelt das morgendliche Werk ihres Stiefbrüderchens abschnüffelt.

In ihr erwacht eine Art Ordnungsbewusstsein. Fluffgepuff starrt Keule mit leicht schief gelegtem Köpfchen an. Umgehend übernimmt sie den Job des Zurechtweisens. Ihre Taktik: Unsere Dame von Welt lässt den Übeltäter einfach nicht in sein Bettchen. „Schau dir dieses Chaos an! Na warte, du Kleiner!"

Zur Strafe nimmt die Chefin ihm seinen Kauknochen weg, wie man einem ungehorsamen Kind Fernsehverbot erteilt oder das Handy sperrt.

Demonstrativ trägt die Chefin das Objekt der Begierde gewagt nahe an seiner Nase vorbei.

„Wer nicht hören will, muss fühlen!" Eingeklemmt zwischen ihren Beinchen ist die begehrte Leckerei von nun an für Keulchen unerreichbar.

Der Schelm nähert sich ihr nur ein einziges Mal. Auf zwei Hundelängen kommt er dabei heran. Dann, ihrerseits, eine einzelne hochgezogene Lefze, kombiniert mit einem verhaltenen Knurren. Das lässt den Racker sofort von einem weiteren Annäherungsversuch absehen.

Unsere fahrende Hundehütte!

Als sich seine Aufmerksamkeit mir zuwendet, ist dieses Intermezzo scheinbar längst vergessen. Er nervt mich! Ablecken am Morgen bringt Kummer und Sorgen, zumindest für Keule. Ich schimpfe ihn, er soll mich gefälligst in Ruhe lassen. Vor meinem obligatorischen Morgenkaffee hat nicht einmal meine angetraute Frau etwas von mir zu wollen. Keulchen nimmt es gelassen. Er spielt das beliebte Spielchen „Nasser Sack" und lässt sich halb auf meinen Schoß, halb auf meine Füße fallen. Jegliche Körperspannung weicht aus ihm. Darin ist er meisterlich. Geht es darum, unangenehmen Situationen zu entfliehen, kann er dieses vermaledeite Spiel sehr, sehr lange durchziehen.

Man sieht nur zwei wild arbeitende Nasenlöcher, denn er liegt verkehrt herum über Kopf. Ich muss grinsen. „So süß!" Der Kleine bettelt um meine Aufmerksamkeit. Man merkt selbst zu dieser frühen Stunde, dass sich der Kapverdianer einlebt und dabei sichtlich wohlfühlt.

Zusammen sind wir stark!

120

Heute gehen wir neue, für Keule unbekannte Wege.

Sie führen uns unverhofft in die Biogärtnerei einer guten Freundin. Die Türe steht einladend sperrangelweit offen und Fluff springt in alter Gewohnheit Richtung Hofladen. Nach dem krebsbedingten Verlust des früheren Wachhundes der Gärtnerei nennt die Betreiberin nun einen Teenager-Rüden ihr eigen. Knapp doppelt so groß und schwer wie Keule, kennt der dominante Mischling kein Pardon.

Mithilfe seines überlegenen Kampfgewichts boxt der Rüde meinen Junghund herum, als wäre er ein Sandsack.

Offensichtlich bereitet das wilde Spiel meinem Zwerg Schmerzen. Er humpelt, fiept und sucht Schutz zwischen meinen Beinen. Ganz im Gegensatz zu Leo ist der neue Hofhund noch nicht wirklich abrufbar, weswegen er Keule wieder und wieder drangsaliert.

Fluffgepuff taugt das überhaupt nicht. Sie ruft zur Ordnung, bellt und kläfft. Als das nichts bringt, zieht sie härtere Saiten auf. Sie nimmt Keule an ihre Seite, der sich darauf verlegt hat, wegzulaufen, nähert sich der „Feind".

In einer geschlossenen Phalanx behauptet sich nun das ungleiche Gespann gegen den jungen, spielwütigen Flegel. Kira sträubt ihr Nackenhaar, zeigt Zähne und nimmt bösartig knurrend Koyla in Schutz. Eine Seite, die ich nie zuvor von ihr gesehen habe. Es zeigt Wirkung. Der aufdringliche Rüde bleibt stehen. Mit Verstärkung traut sich nun auch mein Hündchen, ein wenig zu knurren. Verwirrt über die neue Situation zieht sich der „Hausherr" zurück. Was er sich wohl denkt?

„Mit der irren Alten lege ich mich nicht an!" oder, „Das kann doch nicht wahr sein, jetzt arbeiten die zusammen!" Jedenfalls beruhigt sich der überdrehte Teenager. Kira bringt ihre männlichen Kollegen sogar dazu, dass sie sich hinlegen, womit uns Zweibeinern ein ruhiges Schwätzchen vergönnt ist. Östrogen siegt über Testosteron?

Eher Erfahrung und Ruhe gegen hilflose Überdrehtheit. Koyla schaut sich bei seinem neuen Idol sogar seinen Teil ab.

In Zukunft bleibt der junge Mann ruhiger. Steht zunächst rum, um Kira machen zu lassen, die die Situation zuverlässig für ihn einschätzt. Aus unseren vierbeinigen Weggefährten wird ein dauerhaftes Zweiergespann.

Bitte lass mich zu den Kaninchen!

Das beweist ein Vorfall in den folgenden Stunden. Diese ungewollte Lehrstunde ist zum Teil meiner Fehleinschätzung gedankt, deren Folgen ich noch Tage später zu spüren bekommen sollte. Ich Dummkopf habe vergessen, den Stromzaun auszumachen.

Keules Schussligkeit tut ihr Übriges. Er fängt sich einen mächtigen Stromschlag ein. Ich bin zu Tode betrübt, denn mein Hündchen weint lautstark über beinahe eine halbe Stunde. Auf meinen etwas nervösen Anruf hin meint meine Frau, Ildi, lapidar: „Ja mei, irgendwann muss er es lernen!" Ich gebe es ja zu! Zum einen muss der Spitzbub die Erfahrung machen, dass Elektrozäune schmerzhaft sind, zum anderen tut es mir aufrichtig Leid, dass sich das Ereignis zweimal, innerhalb von 60 Minuten, wiederholt. Beim ersten Mal passiert es beim Spielen. Der platte, knautschige Ball landet im Zaun. Keule hinterher. Er bekommt einen saftigen Stromschlag. Er schreit lautstark, rennt davon, drückt sich unter dem Zaun durch und gibt Vollgas. Nicht umsonst gelten die „Dosen-Umdreh-Hunde", wie diese Art in Afrika genannt wird, als „Könige der Ausbrecher".

Fluff sprintet hinterher. Bereits außer meiner Sichtweite scheint der flinke Puli den fußlahmen Mischling eingeholt und zum Zurückkommen bewegt zu haben. Es dauert, bis der sich überhaupt wieder auf das Gelände der CityFarm traut. Während der ganzen Zeit ist sein Schwänzchen fest an seinen Bauch geheftet. Mein Keulchen schlottert. Fluffgepuff bringt ihm zunächst Spielzeug. Als das nicht wirkt, verlegt sie sich darauf, ihm Leckereien zu reichen. Ich komme gar nicht an ihn ran. Er kauert in der Ecke am Eingang und ignoriert mich. Es fühlt sich an wie am ersten Tag.

Kira buddelt derweil ihre verborgenen Schätze aus: ein Stück Knochen, diverse Semmeln und einen zur Hälfte mit Leckerlis gefüllten ABM-Ball für Hunde.

Letztendlich erweckt ein angegammeltes Schinkenbrot Keules Interesse.

Wo das findige Weibsbild diese Widerlichkeit her hat und

wie lange sie es bereits bunkert, wage ich nur zu erahnen. Ehe ich aufgrund meiner eigenen Ergriffenheit von der Szene und dem Edelmut unseres Ersthundes den empfindlichen Vierbeiner davon abhalten kann, verschlingt der ehemalige Straßenhund das „Brechmittel". Zwei Stunden später kotzt er nämlich wie ein Reiher, doch das ist hier nur Nebensache. Fluffs edle Gabe hat gewirkt. Koyla entspannt sich, begleitet uns sogar zu den Schafen und spielt verhalten mit Fluff. Ich denke schon, der Tag sei gerettet. Natürlich ist der Stromzaun immer noch angeschaltet, denn die Schafe sind schließlich weiterhin auf der Weide. Offensichtlich hat Keule aber seine Lektion nicht gelernt. Er schnüffelt einer mir unsichtbaren, unbegreiflichen, Spur hinterher.

Ungläubig beobachte ich ihn. Dreimal dürft ihr raten, wo seine Nase letztendlich landet. Genau! Direkt zwischen den Maschen des Elektrozauns. Abermals bekommt er eine gewischt, so dass er sogar einknickt. Panisch dreht er sich mindestens zehn Mal im Kreis, fällt drei Mal hin, bis er versucht, in den Fahrradanhänger zu stürzen, dessen Reißverschluss jedoch zu seinem Ungemach einfach nicht nachgeben will. Zu guter Letzt kauert das gebeutelte Jungtier unter dem Wohnwagen. Erst Stunden später gelingt es mir, den Ärmsten an der Leine wortwörtlich hervor zu zerren. Es soll geschlagene zwei Wochen dauern, bis er sich überhaupt wieder auf die Winterkoppeln traut.

Wenigstens hat er seine Frohnatur nicht verloren. Sowohl meine als auch Kiras Spielaufforderungen lassen ihn zwar kalt, aber auf dem Heimweg jagt das Spielkind wie ein Besessener übergroße Schneeflocken. Eine Laune der Natur, die Fluff in Windeseile in einen weißen Schleier hüllt und sie dezent missmutig stimmt. Keulchen hingegen sieht man an, dass ihm der unablässige Nachschub von Zielen ehrliche Freude bereitet.

Wir gönnen dem Kindskopf eine halbe Stunde wildes Toben, denn es ist ja schließlich sein erstes Mal Schnee von oben.

Schnee ist toll!

Für unsere Nachgiebigkeit gibt es allerdings einen Grund. Uns steht noch ein Termin ins Haus, vor dem ich mich insgeheim schrecklich fürchte. Der Tierarztbesuch! Dafür fahren wir extra raus aus der Stadt mit ihren überteuerten Kleintierkliniken, um bei einem Landtierarzt den Basischeck machen zu lassen.

Sein gesunder Pragmatismus sowie das Fehlen der sonst üblichen, omnipräsenten Werbung im Wartezimmer machen sein Konzept sehr sympathisch. Beim Betreten der Praxis fährt ein Blitz der Erkenntnis durch meinen Buben.
„Den Geruch kenn ich!"

Er ist kaum ruhig zu bekommen. Kira hingegen fügt sich ergeben in ihr Schicksal. In seiner unnachahmlichen, ruhigen Art mögen wir alle den rüstigen Arzt eigentlich echt gerne.

Außer es gibt Spritzen, davon ist Fluff natürlich weniger begeistert. Dann verschmäht sie jede Bestechung. Erstmal muss aber Koyla auf den kalten Edelstahl-Untersuchungstisch. Sein vorwurfsvoller Hundeblick verrät, was dem Armen durch den Kopf geht.

„Warum tust du mir das an?"

Fachmännisch tastet der Spezialist das Jungtier ab und stellt nach dem Röntgen von Keules Hinterläufen einen interessanten Widerspruch fest. „Geht man nach den Zähnen, würde ich sagen, ist er zwischen vier und fünf Jahren alt. Betrachten Sie aber nun diese Röntgenaufnahme, erkennt man deutlich, dass seine Wachstumsfugen längst nicht verwachsen sind, womit er ungefähr ein Jahr alt wäre. Ich würde sagen irgendetwas in der Mitte." Die gute Nachricht: keine Knochenbrüche, keine bleibenden Schäden und keine Einschränkungen!

„Mit ein wenig Training wird sich das Humpeln verlieren." Innerlich platze ich vor Freude. Das sind großartige Neuigkeiten!

Gut gelaunt geht es wieder nach Hause. Zur Freude der Hunde machen wir einen Umweg über die CityFarm, um einige Säcke Hühnerfutter auszuladen. Dort wird nochmals ausgiebig getobt. Wir trauen unseren Augen kaum. Unser misanthropischer

Ersthund zieht und zerrt an einem Stöckchen. Das wirklich Besondere daran ist, dass das andere Ende im Maul ihres Stiefbruders steckt. Noch keinem Vierbeiner vor Keule war es gelungen, Kira eine derartige Spieleinheit abzuringen. Sie wachsen zusammen und werden zu unserem Bilderbuch-Dream-Team.

FRÜHLINGSERWACHEN

Bedingt durch eine ausgedehnte Warmwetterperiode im Februar geht die Natur ungewöhnlich früh in die Vollen. Allerorten platzen Knospen auf, erblühen Krokusse und erwachen Tiere aus ihrer Winterruhe.

Wie ein Kleinkind muss sich Koyla an die ihn umgebende Pflanzen- und Tierwelt herantasten.

Dies beginnt bei ungefährlichen Fehleinschätzungen wie seinem Wett-Stupsen mit dem bei uns ansässigen Cityfarm-Igel und endet mit einer auffliegenden Wolke sich gestört fühlender Bienen, in dessen Stock er hineinatmet.

Kohlenstoffdioxid sowie die erhöhte Luftfeuchtigkeit in seinem Atem versetzen die possierlichen Immen in helle Panik. Dass der Schlaumeier seine Nase immer wieder in jungen Brennnesseln versenkt, was er mit wildem Schnauben und Prusten kommentiert, erweckt noch eine gewisse Heiterkeit. Es zeugt aber kaum von einem schnellen Auffassungsvermögen, wenn ich ihm zum zehnten Mal die langen Stacheln diverser Disteln aus der Nase ziehen muss. Dass sein Riechkolben dabei auch noch zu bluten beginnt, er aber nicht verstehen will, dass die Maus unter der stacheligen Pflanze schlauer ist als er, muss der Junghund erst noch begreifen lernen, wie so vieles. Was es heißt, wenn gestreifte Insekten auf süßen Früchten sitzen und Hund hineinbeißt, lernen wir bitterlich. Mein Bub kann richtig weinen, sogar lang und laut heulen wie ein Schlosshund. Wer denkt, diese Lektion könnte man auch auf das erste Mal lernen, der irrt.

Im Fall der Bienen stechen sie immer wieder, je öfter man in Birnen, Äpfel oder Pfirsiche hineinbeißt.

Ein effektiver, zugegebenermaßen gemeiner, Weg, dem ehemaligen Obdachlosen das Aufnehmen herumliegender Sachen zu vergrämen.

Wir treten zudem in eine kritische Phase der Bauernhofsozialisation.

Der Racker verliert, angestachelt durch Fluffgepuff, seine Scheu vor den Schafen. Seine Lehrerin drängt ihn regelrecht zu den wolligen Gefährten. Ihre Taktik: wegkläffen. Seine Taktik: unbedacht auf die Paarhufer zupreschen. Die meisten weichen erschrocken zurück. Stiehlt der Halunke ein Stück Brot und verharrt regungslos, ist er meiner Meinung nach erstaunt über seinen eigenen Mut.

Doch weder unsere Burenziege Schoko noch der achtzig Kilo schwere Schwarznasenbock Kenobi lassen sich von dem Gehabe des Neulings beeindrucken. Schoko erhebt drohend ihren Schädel. „Alter! Ein Schritt näher und du bist Matsch!" Erschrocken gehe ich dazwischen.

Unsere adipöse Ziegendame ist meinem Jungtier haushoch überlegen. Ich spreche aus Erfahrung. Unser Ziegenbock Kaleth hatte mich beim Klauenschneiden beinahe mit einem festen Hieb seines Schädels ausgeknockt. Kenobi hingegen steht nur stoisch da, denn der sanfte Riese ist schlichtweg neugierig. „Wer bist du? Bist du mein Freund?" Seine schiere Größe wirkt auf Keule einschüchternd.

In der Deckung dieses opulenten Hinterteils traut sich schüchtern unsere Jüngste an Keule heran. Ori fordert Koyla schaftypisch zum Spielen auf. Sie boxt ihn zuerst sanft, und als er darauf eher verstört als freudig reagiert, immer fester an. Da die beiden ungefähr in der gleichen Gewichtsklasse spielen, lasse ich die Interspeziesbegegnung zu. Koyla fällt nichts Besseres ein, als die schwarz-weiß gescheckte Aue abzuschlecken. Der gefällt eindeutig, was ihr neuer Freund da macht. Zum Beweis klebt die zutrauliche Dame nun an meinem Mischling wie eine Klette.

Sobald der Rüde die Koppel betritt, ist sie da und läuft ihm treu ergeben hinterher, sehr zum Missfallen Fluffgepuffs, denn die platzt vor Eifersucht. Ungläubig betrachten wir die

Szene. Hier der Neuling mit seiner wolligen Spielgefährtin, dort die missgünstige Hundedame, die lautstark vor Empörung bellt.

Dieses Schaf mag ich ganz besonders gerne!!

Zum einen bin ich stolz auf den Kleinen, da er seine Scheu vor Vierbeinern jeglicher Art verliert, zum anderen beinahe erschrocken, wie schnell er die Hürden meistert, für die Kira fast ein Jahr gebraucht hatte.

Aua! Die piksen in meine Nase!

Zugegeben, für manche seiner Allüren wird es Monate benötigen, um sie aus seinem Verhaltensrepertoire zu entfernen, wenn es mir überhaupt gelingt.
Kram aller Art bringt er mir sicherlich auch weiterhin an, speziell da sich ein Mc Donalds um die Ecke befindet. Nichts ist so faszinierend für den Kleinen wie leere Burgerverpackungen, Pommespackerl oder auch nur benutzte Servietten. Dafür nimmt Tier auch mal einen Umweg in Kauf, was mich in den Wahnsinn treibt. Hund weg, Hund da mit einer Windel. Hund weg, Hund da mit einem halbleeren Eisbecher. Hund weg, Hund da mit einem unangetasteten Happymeal..... Die Art, wie der Halodri das immer anstellt,

ist wohl in seinem Charakter begründet. Nicht umsonst steckt der Hinweis bereits wortwörtlich im Rassennamen: „Hund, der alle Dosen umdreht". Bevorzugt zerfetzt der Halunke aber Mülltüten, deren Inhalt er dann kritisch auf Fressbares beäugt. Gibt es keine gefüllte Tüte, sucht er sich zum Spaß gerne auch mal Leere.

Warum schimpft mich Fluffgepuff?!

So auch an diesem Abend, an dem ich denke, schnell einkaufen gehen zu können. Meine Frau ist leider auf einer lästigen Vereinssitzung, wodurch mir die Hundebetreuung zufällt. SIE, die Schlaue, macht immer die Küchentüre zu, ehe sie geht, was ich natürlich vergesse.
Diese Gelegenheit wird mein Findelkind nutzen, den Müllbeutel aus dem abgedeckten Eimer zu zerren, alles zu zerlegen und die wildesten Dinge herauszulesen.
Als ich die Haustüre öffne, erkenne ich nur noch, wie mein Keulchen einen aufgerissenen Beutel nimmt und einmal quer durch die Wohnung über den Teppichboden in seine Hütte verfrachtet. Die Spur der Verwüstung verlängert sich dadurch beträchtlich. Das Chaos, das der Sauhund innerhalb weniger

als einer Viertelstunde veranstaltet hat, lässt mir die Kinnlade vor Staunen offen stehen.

Sogar der Ofen ist tapeziert mit Kaffesatz, zudem fliegen überall Flusen vom Inhalt des Staubsaugerbeutels umher. Ein hier nicht zu nennender Fluch entfährt mir. Auf dem Absatz mache ich kehrt. Neben Wischmopp und Putzmittel wird gleich ein mit Metallbügeln absperrbarer Eimer organisiert. Während ich das zweite Mal aufsperre, erklingt eine ekelhafte Geräuschkulisse durch die Türe: Koyla übergibt sich lautstark. Die Krönung meines „gediegenen, ruhigen Abends auf dem Sofa".

Kurz bevor meine Liebste nach Hause kommt, ist es geschafft. Der Boden blitzt, während Benni schwitzt. Die anschließende Dusche habe ich mir redlich verdient. Und was lernen wir daraus? „Allein zu bleiben ist nicht schwer, brav zu bleiben umso mehr."

Das ist mein persönliches Taxi!

BENNI ALLEIN ZU HAUS

Unsere Saatgutbörse verzeichnet einen neuen Besucherrekord, doch trotz der Menschenmassen bleibt Keule während der Festivität einigermaßen gelassen. Er wird zärtlich von unserem vierjährigen Patenkind umhegt und hingebungsvoll gepflegt. Völlig selbständig, wie es sich für eine Cityfarmerin in Ausbildung gehört, reicht sie meinem Zögling Katzenfutter, deckt ihn zu, wenn er sich irgendwo hinlegt, und streichelt ihn über eine Stunde in den Schlaf. Ich bin überrascht.

Mein Haustier mag auf einmal Kinder, wo er sich doch sonst sehr reserviert gegenüber den „Miniaturmenschen" zeigte. Die beiden haben sich, wie das Schicksal manchmal so spielt, gesucht und gefunden. Die junge Dame würde am liebsten gleich bei Keule in die Hundehütte einziehen.

Abschlabbern!

Meine Ehefrau Ildi hingegen zieht es in die weite Welt. Sie bereitet sich auf eine wohlverdiente Auszeit in Thailand vor. Die fleißige Farmerin erfüllt sich mit dieser Reise einen Traum.

Einen knappen Monat wird sie FREIWILLIG durch tropische Hitze, Dschungel und asiatische Großstädte tingeln. Mir fällt die Aufgabe zu, daheim den Laden zu schmeißen. Zugegeben, mit exzellenter Vorbereitung. Die Brotvorräte quellen über, Heu ist ausreichend eingelagert und eine lange Liste mit den wichtigsten Kontakten hilft mir, im Notfall Helfer zu organisieren. Trotzdem müssen wir den Alltag rund um die CityFarm alleine bestreiten.

Das heißt mindestens zwei Mal am Tag die Tierversorgung zu stemmen und von A-meisensäure bis zum Z-inkspray das gesamte bäuerliche Alphabet im Griff zu haben.

Ich inspiziere das Kaninchenfutter aus der Mülltonne!

Selbstverständlich helfen mir Keule und Fluff, wo es nur geht. Sind wir beispielsweise bei der neunzigjährigen Nachbarin, um deren Obstbäume zu pflegen, unterstützen mich die beiden nach Kräften.

Jeder Wauwau fährt seine eigene Taktik: Fluffgepuff bellt zum Ansporn, was das Zeug hält. Ob sie denkt, dass wir dadurch schneller fertig werden?

Wohl eher nicht. Hauptgrund ist die belebte Gassistrecke nebenan und weniger unsere Tätigkeit.

Keule zieht immer wieder meine mühsam aufgeschichteten Asthaufen auseinander. Dafür schimpft Kira ihn in Grund und Boden. Sie weist ihn überraschend harsch zurecht. Ich versuche, die aufgebrachte Hundedame zu beruhigen. „Ist Ok, Süße! Lass ihn spielen!" Während ich den Racker in Schutz nehme, klaut der Lausbub meine Arbeitshandschuhe und kaut hingebungsvoll darauf herum. Das Leder bekommt er zwar nicht klein, aber es schwimmt im Sabber. Das wiederholt sich mindestens drei Mal, bis es mir zu viel wird. Sisyphus Schicksal ist dagegen ein Kinderspiel.

ABER: Wofür habe ich denn eine mobile Hundehütte? Die folgende Stunde dürfen die Hundis gemeinsam über ihr Verhalten nachdenken. Bezahlung bei der Nachbarin ist im Übrigen der „Apfelschnitt".

Diese Ästchen sind bestes Kaninchen-, Schaf- und Ziegenfutter und pflegen während des Konsums gleichzeitig die Zähne der „Nagetiere".

Auch in meinen Umwelt- und Naturforscher-AGs in der Schule helfen mir die Vierbeiner ungemein. Unter Anleitung dürfen die Kinder mit den Hunden Ball spielen oder Leckerlis verteilen.

Dumm nur, dass Fluffgepuff noch nie Bock hatte, irgendwelchen geworfenen Dingen hinterherzulaufen und Keule mit der Grundsituation vollkommen überfordert ist, weswegen er weder Futter annimmt noch apportiert. Die Krönung des Ganzen ist, dass trotz eindeutigen und mehrfach ausgesprochenen Hunde-Fütter-Verbots sich nach der Pause auf Kiras Deckchen Beefies, Käse, Salami, Stockbrot, Wiener und Marshmallows türmen. Ich bin zutiefst verwirrt. Mit Argusaugen bewache ich ab sofort Vier- und Zweibeiner. In meinen Augen hält sich jedermann an das Fütter-Verbot. Das brave Fluffgepuff trägt nichtsdestotrotz konsequent nett gemeinte Opfergaben zusammen, während Keule seine Eroberungen ausnahmslos als Vorrat vergräbt.

Die Sportlehrer werden sich noch wundern, was da alles in ihrer Sandsprunggrube zum Vorschein kommen wird.

Der König des Löcherbuddelns!

Verzeihen Sie mir bitte den kurzen Schwenk in die Pädagogik.

Aber unser Neuzugang präsentiert ein Glanzstück in Sachen „Lernen am Objekt".

Unglücklicherweise versteht der ehemalige Straßenhund hier

meisterlich das Prinzip von „Äffchen sieht, Äffchen macht nach", einem bewährten und über Jahrtausende erprobten Lernsystem.

Jetzt sieht Koyla aber zigmal „Schulranzen aufmachen" und macht das selbstverständlich nach. Nach drei Versuchen hat er das System Klickverschluss überrissen.

Dass sich Siebenjährige einen Spaß daraus machen, ihren Mitschülern, Lehrern und Eltern das Geschick des Rüden zu beweisen, indem sie Beefies, Käse, Salami, Stockbrot, Wiener und Marshmallows in ihren Ranzen verstecken, ist nachvollziehbar. Jetzt ist unser Ersthund aber alles andere als blöd. Während alle Aufmerksamkeit auf dem Neuling ruht, greift die findige Alteingesessene, unter wildem Schnüffeln, die in den anderen Schulranzen versteckten Leckereien ab. Ohne viel Aufhebens öffnet sie zehn Mal mehr der begehrten Objekte als der tapsige Jugendliche.

Wieder einmal bewundere ich den überlegenen Intellekt der Urhundrasse Puli. So sehr ich Koyla liebe, so sehr achte ich auch Kiras Geistesgegenwart.

Ich muss an die Worte eines guten Freundes denken: „Von Keule wirst du integriert, von Kira toleriert!" Immerhin ist der Doktor der Geschichte ein erfolgreicher Autor.

Wenigstens sind die Wege von und zur Schule ein wahrer Traum. Da wir durch Fluffgepuffs Mithilfe die Kommandos „HALT" und „RECHTS LAUFEN", wohlbemerkt nach nicht mal einem Monat, beinahe zuverlässig beherrschen, können wir am Lech entlang radeln. Von Oberhausen bis Hochzoll ist das immerhin eine Strecke von zehn Kilometern, was mir einen ruhigen Abend garantiert.

DENN: Ausgepowerte Hunde sind gute Hunde. Dann gibt es aber auch andere Tage…

Wie das Leben manchmal so spielt, fällt die Abwesenheit meiner Süßen in eine Großwetterlage aus Sturmtiefs und

Dauerregen. Die Begeisterung meiner haarigen Gefährten hält sich in Grenzen, sobald sie ihre Nase vor die Türe stecken. Mit Regen durchsetzter Wind bläst uns entgegen. Das freudig erhobene Schwänzchen beider Vierbeiner sinkt um dreißig Zentimeter in die Tiefe.

Dass der Stimmungsanzeiger nicht ganz am Boden schleift, gleicht beinahe einem Wunder.

Fluffgepuffs pikierte Schnauber sind eindeutig. Sie puffelt und prustet, was das Zeug hält. „Willst du uns veralbern? Es ist kalt und nass! Da oben ist ein trockenes, warmes Zimmer! Da will ich hin! Warum müssen wir da jetzt nochmal raus?"

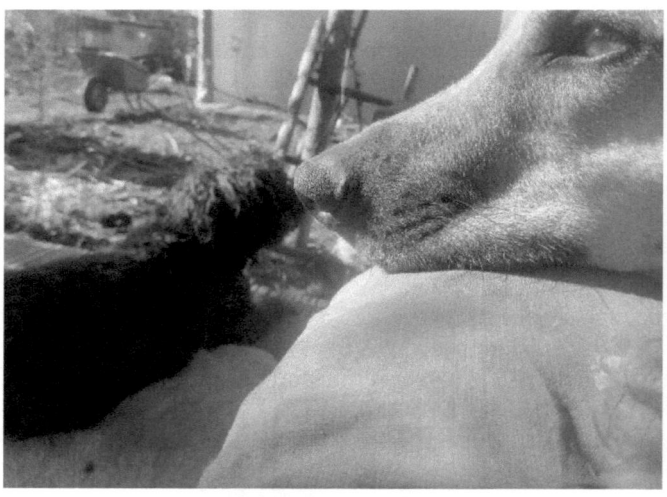

Heute bin ich unglücklich!

Ich verlege mich darauf, die Hunde bereits in der Tiefgarage in das Lastenrad zu verfrachten.

Das hat aber einen Haken, denn Keules Manieren lassen immer noch zu wünschen übrig. Da er sich ziert, im tosenden

138

Sturm sein Geschäft zu erledigen, versucht er immer wieder heimlich, dieses in der Tiefgarage zu verrichten.

Das Donnerwetter oberhalb der Tiefgarage ist nichts im Vergleich zu dem, das ich ihm Morgen für Morgen angedeihen lassen muss.

Schließlich hätte er zur frühmorgendlichen Gassirunde jederzeit die Möglichkeit, sich zu erleichtern. Aber nein, da wartet er lieber, bis wir in der Tiefgarage sind. Wenigstens gelingt es mir, den Rabauken ein Viertelstündchen Bewegung an den Biotopen abzuringen.

Erreichen wir die Farm, sind beide plötzlich verschwunden. Der eine verkriecht sich beleidigt ins hinterste Eck seiner Hütte, die andere stürmt in den Wohnwagen und verlässt ihn erst zu unserer Abreise. Sogar die Schafe bevorzugen in der stetig niedergehenden Graupel-Regen-Mischung mit Böen bis zu 100 Stundenkilometern die kuschelige Wärme des Stalls.

Eine mittelgroße Katastrophe offenbart sich uns nach einem besonders heftigen Orkan. In „Flözbrände", unserem trockenen Aufenthaltsbereich für den Winter, gibt es eine Sintflut biblischen Ausmaßes.

Ich hatte mich schon gewundert, warum Fluffgepuff in den Wohnwagen ausgewichen ist. Ihr Plätzchen ist eigentlich immer auf dem Teppich in unserem gemütlichen Sitzbereich. Als ich mich selbst niederlasse, wird schnell klar, warum sie geflüchtet ist.

Meine Hose um den Popo schwimmt. Tiermedikamente, Teppiche, Bücher, Stühle, Couch, Sitzkissen, Reserveklamotten, alles durchweg patschnass

Ein Blick an die Decke verrät, was geschehen ist. Licht fällt durch Ritzen, die da eigentlich nicht sein dürfen.

Wo zur Hölle ist das Dach hin? Die Antwort findet sich in Fetzen gerissen überall im Garten verteilt.

Die neuen Umstände stellen mich vor eine gewaltige logistische Herausforderung. Für den frühen Abend sind weitere heftige Niederschläge gemeldet. Bis dahin sollten drei Rollen Teerpappe und vierzig laufende Meter Dachlatten installiert sein. Mitsamt Hunden mache ich mich also auf den Weg in den Baumarkt.

Die zwei sind alles andere als begeistert. Im strömenden Regen müssen sie laufen. Die schiere Länge der Latten zwingt mich, das völlig überladene Lastenbike den kompletten Rückweg zu schieben.

Sowohl die durchnässten Hunde als auch meine Wenigkeit sind ziemlich erledigt, bevor es überhaupt mit der eigentlichen Arbeit losgeht. Zum Glück finden sich unter den eingefleischten Cityfarmern spontane Helfer, die Zeit haben, mir zur Hand zu gehen.

Daraus entwickelt sich im Laufe des Nachmittags ein regelrechtes Fest, da nach Feierabend der Grill angeworfen wird und die Frauen und Kinder unserer Helferlinge dazu stoßen

Weswegen ich dieses Intermezzo erwähne, ist die Tatsache, dass nach unserem Rippchen-Grill-Gelage der komplette Mülleimer fehlt.

Der ist mitsamt beiden Hunden spurlos verschwunden. Niemand weiß von etwas und keiner hat den Diebstahl bemerkt. Ich hege einen Verdacht, denn sowohl Fluffgepuff als auch Keule sind über und über voll mit Dreck. Sie spielen zusammen das Unschuldslamm. „Wir etwas geklaut? Niemals! Was hältst du von uns?" Mit Taschenlampe bewaffnet schicke ich die Kinder auf die Suche. Schnell werden sie fündig.

Der von Sägespänen bedeckte Boden der Holzwerkstatt wurde komplett umgepflügt, genauso wie die Blumenbeete im Vorgarten. Da werde ich mir von meiner Liebsten noch etwas anhören dürfen. Ihr heiliges Blumenbeet zur Gänze verwüstet! Die umgegrabene Werkstatt wäre mir persönlich egal gewesen, hätte es nicht eine knappe Woche später angefangen brachial zu stinken. Wir gehen der Sache auf den Grund. Es ist Keule, der sich verrät, denn er schnüffelt wie

wild an diversen Stellen. Ein Griff ins Erdreich genügt. Ich halte einen abgenagten Rippenbogen in Händen. Damit sind die Beweise eindeutig und für die Hunde entfällt das Abendessen. Strafe muss sein! Ich bin ein wenig enttäuscht. Dass Keule unser sonst so braves Fluffgepuff mit in eine derartige Schandtat hineinzieht, hätte ich niemals gedacht.
Umso tragischer ist sein Slapstick-Absturz beim Heimkommen.
Die wohlerzogene Kira hält es für unangebracht, dass der Frechdachs meinen Schuh vor der Wohnungstür stibitzt. Mit einem einzelnen schallenden Beller kläfft sie ihn zurecht. Dick und Doof in Personalunion, alias Keule, rutscht vor Schreck mit den Hinterläufen auf dem obersten Treppenabsatz ab, schlittert ganze zwölf Stufen rückwärts nach unten, um völlig verwirrt einen Stock tiefer zum Stillstand zu kommen. Sein rechter Vorderlauf ist gestaucht, weswegen er die folgende Woche humpelt. Seinen verhassten Verband trägt er wie eine Kriegsverletzung, hocherhoben, vor sich her. Erst als die Mullbinde ab ist, nutzt der Hypochonder sein Bein wieder wie gewohnt.

Unterwegs mit Herrchen!

141

HUMPELINCHEN

Seine Verletzung hat Folgen. Schmerzen im Herzen und auch ein bisschen im Fuß. Keule hat sich unsterblich verliebt. Leider gehört seine Angebetete der falschen Spezies an. Ori ist nämlich eine Aue, ein weibliches Schaf.

Trotz der Tatsache, dass sie schaftypisch den Romeo in die Seite boxt, liebt er sie heiß und innig. Ja, er betet sie regelrecht an. Da er sich das Beinchen verstaucht hat, darf er zu seinem Unglück keinesfalls mit ihr spielen. Der Ärmste muss hinter dem Zaun warten. Läuft sie an ihm vorbei, jault und fiept er jämmerlich.

Bitte Herrchen, lass mich mit Ori spielen!

Ab und an streckt Ori ihre Nase durch den Zaun, die er dann hingebungsvoll abknutscht. Indem geleckt wird, bis die Nase glänzt, sichert sich der verliebte Jüngling ihre Gunst. Er fühlt sich doppelt leidend, denn nur an der Leine darf

Humpelinchen momentan die Winterweide betreten. Dafür nehme ich mir jeden Tag extra für die beiden Zeit. Meine Ausrede ist, dass er dadurch seine letzte Scheu vor den Schafen verliert. In Wahrheit geht mir jedesmal das Herz auf, wenn das ungleiche Paar aus Pflanzen- und Fleischfresser wieder vereint ist. Reine, unverfälschte Liebe.

Nicht wie das Keule-Fluffgepuff-Verhältnis, das auf Respekt und Hochachtung beruht. Ist es nach der Raubtierfütterung endlich soweit, hüpft der Racker, gleich einem dreibeinigem Känguru vor dem Zaun, auf und ab. Freude ist gar kein Ausdruck. Natürlich eilt, sobald wir nur einen Fuß auf die Koppel setzen, Keules beste Freundin herbei. Ihrerseits ist die Begeisterung mindestens genauso groß wie bei meinem Junghund.

Die Aue umhüpft uns, zieht enger werdende Kreise, bis sie zu Koyla Kuschelnähe erreicht hat. Dann geht es los. Sie reibt sich an dem Rüden, schmiegt ihren Hals an den seinen. Er leckt seine Geliebte währenddessen hingebungsvoll ab. Normalerweise starten jetzt kleinere Renn- und Spieleinheiten, die Ori durch sanftes Boxen einläutet. Da der Invalide aber nicht toben darf, wie er will, werden wir definitiv nicht darauf eingehen. Sie stupst und fordert weiter. Dass ihr Verehrer nicht fit ist, sieht Ori so gar nicht ein. Deshalb werden die Spielaufforderungen härter. Das Schäfchen denkt, glaube ich, dass sie ihr Anliegen nur durch festeres Boxen verdeutlichen muss, dann spielt ihr Romeo schon eine Runde Fangus mit ihr.

Zum Schluss nimmt sie mehrere Meter Anlauf, um Keule in die Seite zu krachen, was ihn wiederum einen Purzelbaum schlagen lässt. Selbstverständlich versuche ich dazwischen zu gehen, doch die kleine Skuddenaue ist wendiger, als man es den plumpen Wollträgern zutraut. Wer denkt, das müsste weh tun, der irrt. Keule rappelt sich schwanzwedelnd auf und stemmt sich zaghaft in die Leine.

Ohne Klebeband zerrupfe ich meinen
Verband!!

Als das nichts bringt, wendet sich seine Aufmerksamkeit mir
zu.

Vorwurfsvoll blickt er mich dafür an.

Warum der Schlingel dabei „Sitz" macht, ist mir ein Rätsel.
Vielleicht will Humpelinchen mir dadurch die Dringlichkeit
seines Anliegens verdeutlichen.

„Bitte, bitte lass mich spielen! Ich bin auch ganz brav! Schau
doch her, liebes Herrchen! Ich mache alles, was du mir
beigebracht hast, gleichzeitig."

In der Tat kann der Bittsteller sich nicht entscheiden, ob er
jetzt eine Rolle, Männchen, toter Hund oder nur Platz
machen soll. Er überschlägt sich beinahe, um es mir ja recht
zu machen.

Ich soll ihn endlich von der verhassten Leine befreien. Mein
Verstand sagt eindeutig, dass es aus gesundheitlicher Sicht
total dämlich wäre, den Jugendlichen jetzt laufen zu lassen.
Leider spricht mein Herz eine ganz andere Sprache. Das will

dem Verlangen meines Hundes unbedingt nachgeben. Obwohl Keule und Ori total süß miteinander sind, siegt mein kopfgesteuertes Über-Ich.

Wofür verbinde, trage und hätschle ich den Vierbeiner, wenn ich ihn dann sehenden Auges in sein eigenes Verderben aus Spiel und Spaß rennen lasse? Glücklicherweise bestätigt mir der Heimweg, dass es die richtige Entscheidung war, hart zu bleiben.

Humpelinchen ist ein doofer Name!

Nach einem vollen Tag rund ums Tier auf der CityFarm hat Koyla seine Belastungsgrenze erreicht. Sein Gang schlackert wie bei einem Volltrunkenen. Immer wieder stolpert der müde Krieger.

Sobald das Geschäftliche erledigt ist, steigt er freiwillig in den Fahrradanhänger, um sich nach Hause kutschieren zu lassen. Für heute akzeptiere ich seinen Willen.

Man darf dabei nicht vergessen, dass er gerade erst einmal drei Wochen in Europa weilt. Sein Trainingsstand verbessert sich zwar, doch ist ihm Fluffgepuff in punkto Fitness um Meilen voraus.

DER ZUCKERHUND

Während ich einer Horde Kinder in den westlichen Wäldern Augsburgs das Überleben in freier Wildbahn näher bringe, dürfen unsere Hunde an Ildis Sensenkurs auf der CityFarm teilnehmen. Unglücklicherweise sind ein halbes Dutzend unerfahrener Sensenazubis eine Gefahr für Leib und Leben, weswegen die Hunde auf unserem Gelände zunächst alleine zurückbleiben. Meiner Liebsten unterläuft dabei ein kleiner, aber folgenschwerer Fauxpas: Für die Teilnehmer solcher Kurse gibt es nämlich traditionell Kaffee und einige süße Leckereien zur Stärkung. Mittlerweile vertrauen wir unseren Hunden soweit, dass sie den reich gedeckten Tisch nicht abräumen. Weit gefehlt!

Es stellt sich heraus, dass in Koyla doch noch das Herz eines waschechten Straßenhundes schlägt. Hätte der findige Rüde seinen Coup nur einige Stunden früher durchgezogen, wäre er sogar an einer durch den Genuss von Schokolade bedingten Theobromin-Vergiftung gestorben.

Am Vormittag standen ihm noch genau zwölf hochgiftige Schoko-Muffins zur Verfügung. Abends um sechs Uhr war glücklicherweise nur noch eine einzelne süße Verlockung übrig.

Aber die ließ sich Keule natürlich nicht entgehen. Meine Frau Ildi beobachtet ihn noch dabei, wie er den letzten Bissen, der meinen ganzen Abend auf den Kopf stellt, verschlingt. Sie sagt mir bereits am Telefon, dass mein Sauhund sich einen groben Schnitzer geleistet hat.

Von der harten Arbeit erledigt, treffen wir uns heute mal früher zu Hause, wo mir gleich auffällt, dass sich mein Bübchen extrem liebesbedürftig zeigt.

Wir denken uns aber beide nichts, wenn Keule ein wenig unruhig ist, solange er noch Hunger hat. Aber geistert er mit vollem Magen herum wie ein eingesperrter Tiger auf Koks, stimmt definitiv etwas nicht. In der Annahme, der Mundraub hätte bei Keule Durchfall zur Folge, gehen wir eine Gassirunde. Aber das Einzige, was der Spaziergang beweist, ist, dass mein Hündchen unglaublich überdreht ist. Ich komme ins Grübeln.

Als ich nachhake, was genau er gefressen hat, wird schnell klar, dass es dunkle Schokolade enthielt. Irgendwo in meinem Unterbewusstsein springt eine Alarmglocke an, die mich zum Handy greifen und die lapidaren Worte, „Hund und Schokolade" googeln lässt.

Uns rutscht das Herz in die Hose. Es fallen Schlagwörter wie, „Ernstzunehmender tiermedizinischer Notfall", „Innere Blutungen, Herzinfarkt und Tod".

Bei genauerer Recherche zeigt mein Kleiner exakt die beschrieben Anzeichen einer Schokoladenvergiftung, die sich durch Unruhe und Nervosität, bedingt durch eine Überstimulation des Nervensystems, äußert.

Ich bin so aufgedreht!

Umgehend rattert die Maschinerie besorgter Hundeeltern los. Solange Ildi die genauen Produktdaten des Schokomuffins in Erfahrung bringt, versuche ich beim Tiermedizinischen Notdienst durchzukommen. Ich werde beinahe wahnsinnig, da minutenlang nur ein wohlbekannter, Moll unterlegter, „Alles wird gut-Djingel" zu hören ist. Just in Time, als Ildi die genaue Menge Schokolade in Erfahrung gebracht hat, die in Keules Magen lautstark rumort, geht eine freundliche Azubine ans Telefon. Detailliert schildere ich ihr unser Problem. Die freundliche Mitarbeiterin geht mit mir einen Fragenkatalog durch.

Ob wir ihn schon zum Erbrechen gebracht haben?

Wann, wie viel Schokolade, Alter, Gewicht und Rasse des Hundes, anschließend die Symptombeschreibung. Kurzes Schweigen, dann der letzte Satz, den ich in diesem Moment hören wollte: „Bitte bleiben Sie dran, ich konsultiere kurz den Tierarzt". Von jetzt auf gleich hänge ich wieder in der Warteschleife und darf mir den traurigen, von Bach komponierten „Song des Grauens" anhören. Endlich knackt es in der Leitung und im Hintergrund höre ich nur ein typisch bayerisches „Passt scho!" In der Hoffnung, dass dies auf unseren Fall bezogen sei, fiebere ich auf die Aussage des Profis. „Also, die Menge, die ihr Hund verzehrt hat, ist gerade so noch unbedenklich.

Er wird starke Magenschmerzen und Durchfall haben, doch gehen wir nicht davon aus, dass es sich um eine tödliche Dosis handelt. Bitte beobachten Sie das Tier in den folgenden Stunden genau und geben ihm am besten nichts zu fressen."

Wir fallen uns in die Arme. Meine Liebste ist getröstet. Erst als sich bei uns Erleichterung breit macht, legt sich, übrigens das erste Mal an diesem Abend, Keule in sein Bettchen. Binnen Minuten ist er eingeschlafen. Sein hyperstimuliertes Nervensystem lässt ihn zucken, als hätte er das Restless-Leg-

Syndrom.

Dann beginnt er lautstark und intensiv zu schmatzen. Die saugstöpselartige Schmatzerei zieht sich bestimmt eine Viertelstunde hin. Ich kann mir nicht verkneifen, den etwas schwarzhumorigen Witz, der mir dabei durch den Kopf schießt, laut auszusprechen:

„Wahrscheinlich träumt er gerade davon, wie er den Schokomuffin frisst." Selten habe ich meine Frau derart lang und intensiv lachen hören. Diesen Abend werden wir wohl nie vergessen.

Ich wäre gern ein Einhorn! Die können
nämlich Schokolade essen!

FRIEDE FREUDE EIERKUCHEN

Es sind mehrere Monate ins Land gezogen, seit Koyla sein neues Zuhause bezogen hat.

Wir haben gemeinsam die Abwesenheit der Chefin mit nur geringfügigen Komplikationen überstanden, uns durch Schnee, Eis, Hagel und Sturm gekämpft, um letztendlich ein noch besseres Team zu werden. Durchlebte Freude sowie gemeinsam überstandenes Leid schweißen einfach enger zusammen als jedes Leckerli es könnte.

Speziell Fluffgepuff hat Keule ins Herz geschlossen, wie, so glaube ich zumindest, etliche der Tierchen in unserer Umgebung. Ich sage dazu nur: das Jungschaf Ori...

Der Racker ist glücklich, hauptsächlich, da es immer etwas zu tun gibt. Und sei es auch nur faul in der Sonne zu liegen und das Tor zu „bewachen" oder jedem seiner Freunde wieder und wieder „Hallo" zu sagen.

Sein Rudel wächst nämlich stetig.

Es besteht nunmehr aus 30 Hühnern, zwanzig Schafen, einem halben Dutzend Kaninchen und bei Bedarf auch mal aus einer Schulklasse. Die lieben Kinderchen haben es ihm nämlich angetan. Das bleibt nicht unbeantwortet. Er kann in etlichen Augsburger Schulen stolz verkünden, einen eigenen Keule-Fankreis zu haben.

Alle Angst und Unsicherheitsallüren hat er überwunden. Der Umgang mit dem lernwilligen Wildfang wird zusehend einfacher, denn Keule trägt eine Lebensfreude im Herzen, die beneidenswert konsequent an ihm haftet. Selbst schreiende Kinder, typisches Aprilwetter oder aggressive Flexileinen-Köter können dem Sonnenscheinchen seine gute Laune nicht verderben. Da ist mein Hündchen mittlerweile sehr anpassungsfähig.

Ich danke allen himmlischen Mächten, dass unser getreuer Landtierarzt Recht hatte.

Mein Bub rennt wie ein Klopfer.

Nicht die Spur eines Humpelns. Zwar wird er nie ein so ausdauernder und schneller Läufer werden wie Kira, doch kann man über seinen Gesundheitszustand nicht meckern.

Der wilde Mischling ist aber auch ein Prachtkerl. Vom „Magersüchtigen" zum „Muskelpaket" in weniger als einem halben Jahr, das muss ihm erst mal jemand nachmachen. Ihr seht, liebe Hundebesitzer und solche, die es noch werden wollen:

Selbst der ängstlichste Hund kann mit ein wenig Mut zur Nähe ein glückliches Leben in Harmonie mit Menschen führen.

Wir kommen sogar ins Fernsehen!

DANKILOG UND WISSENSWERTES

Mein Dank gilt der Familie, meiner wunderbaren Ehefrau, dem Freundeskreis, den Lektoren und euch, liebe „Fans". Ihnen ein herzliches Vergelt`s Gott!

Ohne Sie, meine hochverehrten Leser, wären die ganzen Anstrengungen rund um die Erschaffung neuer Bücher vergebliche Liebesmüh, denn als freier Autor fehlt mir die finanzstarke Werbeabteilung eines großen Verlages.

Sie fragen sich: „Wie kann ich helfen?"

Setzen Sie auf Mundpropaganda! Erzählen sie Ihren Freunden von unbekannten Autoren, deren Bücher Ihnen gefallen haben. Vielleicht werden Sie selbst zum Autor und schreiben eine Rezension auf Thalia, Pustet oder Amazon? Nichts ist für einen Schriftsteller bekanntlich motivierender als ein erfrischender Zerriss.

Im Geiste der guten Zusammenarbeit würde es mich auch sehr freuen, wenn Sie mir auf wayan@mail.de Anmerkungen, Kritik oder Fehler, die Ihnen aufgefallen sind, mitteilen.

In diesem Sinne wünsche ich Ihnen viel Vergnügen. „Der Sandling" wartet auf Sie.

Literarische Grüße

B. Vogt